W0408328

Rainer Limpöck

Mythos Untersberg

Kraftort
Heiligtum
Anderswelt

pichler verlag

INHALT

Vorwort

Vorhergehende Doppelseite: Sonnenaufgang am Untersberg.

Über einen Mythos zu schreiben, ist schwer – wie erfasst man dessen Dimension, wie beschreibt man das Charisma eines heiligen Berges? Fragen, die mich schon bei meinem Buch *Die Zauberkraft der Berge* bewegten. Und wiederum widme ich mich diesem Thema, überwiegend mit eigenen Erfahrungen, mit Geschichten, die ich gesammelt habe, mit Herzblut und mit vielen fotografischen und visuellen Eindrücken. Diesem Berg verdanke ich einen großen Teil meiner eigenen Geschichte und Entwicklung – ich bin mit ihm verbunden, ich bin zu seinen Füßen aufgewachsen, ich spüre seine Kraft und Bedeutung. So wie er mein Leben beeinflusst hat, so will ich seine Bedeutung und seinen Zauber vermitteln. Er trägt eine Zauberkraft in sich, die kaum mit rationalem Denken zu beschreiben ist. Deswegen kann ich ihm nur gerecht werden, wenn ich ihm auf Herzebene begegne – ihm, einem „Herzchakra der Erde", wie ihn der Dalai Lama einst bezeichnet hat.

Der Untersberg ist einer der höhlenreichsten Gebirgsstöcke der Alpen und seine Unterwelt ist sein Markenzeichen. Seine markante Form fasziniert den anreisenden Besucher schon von der Weite und die Bewohner des umliegenden Berchtesgadener und Salzburger Landes fühlen sich durch seine Anwesenheit geborgen und beschützt. Sie sind mit seinem Reichtum an Mythen aufgewachsen und kennen die Sagen von den Zwergen und Riesen des Berges, von den unermesslichen Schätzen und den schlafenden Kaisern und ihrem Gefolge im Berginneren, von den Wildfrauen und dem Kasermandl. Mythen sind identitätsbildend und schaffen eine gesunde Gesellschaft, so sagt die Soziologie. Das ist wohl auch ein Grund für viele Menschen, in diese Region zu kommen, auf der Suche nach Erholung, Entschleunigung und Einkehr. In dieser Mythenwelt wurde der Untersberg selbst zu einem Mythos. Es kursieren unzählige Geschichten über Wunder und paranormale Phänomene, ja, in letzter Zeit wurden sogar Romane darüber geschrieben, es gibt viele Sagenbücher und Wanderführer. Doch in der ganzen Literatur fehlt es an einem seelischen Zugang. Der Geist des Berges hat Wissenswertes, Erkenntnisreiches und Spirituelles in sich – er spricht mit uns, wenn wir zuhören. In diesem Buch spreche ich mit dem Berg und tausche mich mit ihm aus. Ein ungewöhnlicher Weg, aber ein möglicher Weg zu seinem Wesen. Vieles ist daher rein subjektiv, manches spekulativ. Der Untersberg ist ein Berg, der Zugang zu einer Anderswelt verschafft, so wie bereits unsere keltischen Vorfahren ihn sahen. Ich möchte das Tor zu jener Anderswelt aufschließen, doch so manches bleibt wohl verschlossen. Sein Geheimnis wird er uns erst langsam enthüllen. Und manche angebliche „Geheimnisse" und Spekulationen finden in meinem Buch keinen Platz, wie die *urban legend* von einem Hochsicherheitsarchiv im Untersberg oder die Prophezeiungen der Göttin Isais,

die im kollektiven Bewusstsein der einheimischen Bevölkerung keine Spuren hinterlassen haben – auch wenn die Tempelritter, denen sie einst im 13. Jahrhundert erschienen sein soll, tatsächlich im Raum Marktschellenberg zu Füßen des Untersberges gelebt und gewirkt haben. Nicht eingehen möchte ich auch auf den kruden Okkultismus der Nationalsozialisten, der heute von Neonazis aufgegriffen und stilisiert wird und schließlich auch zu seltsamen „Germanisierungen" der Untersbergmythen („Wotansberg"!) führte. Von all diesem esoterischen Schindluder, das mit dem Berg immer wieder getrieben wird, möchte ich mich deutlich distanzieren.

Autor am Kehlstein mit Untersberg im Hintergrund.

Dieses Buch ist kein Wander- und Reiseführer zum Untersberg, aber es ist ein Wander- und Reiseführer zu einer anderen Wirklichkeit des Untersberges. Es gibt genügend Literatur, die den Berg mit seinen „weltlichen" Schönheiten und Steigen beschreibt, doch es gibt noch wenig über sein Innerstes – und damit meine ich nicht die Vielzahl der erforschten und unerforschten Höhlen, sondern seine wahrhafte Unterwelt, das, was verborgen unter der äußeren Hülle liegt und sich im Sagenreichtum oder in seinen Wundern manifestiert hat – seine „Seelenwelt".

Viele Menschen empfinden ihn als übermächtig. Ich habe sensitive Einheimische kennen gelernt, die es bis zum heutigen Tag vermieden haben, ihn zu betreten – aus Ehrfurcht. Dann gibt es wiederum

Der Autor bei einem Vortrag über den Untersberg am 12. 7. 2008 mit einer Emanation des Untersberggeistes als Orb.

„Untersbergreisende", die sich weltliche Privilegien am Untersberg „erarbeitet" haben, diese durch mein Buch gefährdet sahen und mir sogar verboten, über ihn zu schreiben. Doch allen sei gesagt: Der Wunderberg Untersberg war und ist ein heiliger Berg, den wir Menschen in Ehrfurcht und Demut betreten dürfen. Wenn wir reinen Herzens sind, wird er mit uns in Resonanz gehen – dann können wir erfahren, welch Heil von einem Herzchakra der Erde auch auf die Kinder von Mutter Erde einwirken kann.
Als mir meine verstorbene Mutter in einem Trancezustand im Dezember 2009 begegnete, an jenem Abend, als die Wilde Jagd wieder um den Untersberg zog, sagte sie zu mir:
Siehe, jene blaue Flamme, die dort im Untersberg leuchtet, brennt auch in dir.

Ich beginne zu verstehen …

Vergrößerter Orb.

Zum Geleit

Im Buch finden sich die bedeutendsten Kraftorte/Kultplätze am, um und auf dem Untersberg wieder. Dennoch kann der Interessierte noch viele andere Orte in dieser Bioregion entdecken, die hier nicht aufgeführt, dafür aber auf meiner Website www.untersberg.org archiviert sind.
Zu einzelnen (heiligen) Plätzen gebe ich bewusst keine nähere Wegbeschreibung an. Der Besucher und Wanderer dieser einzigartigen Gegend möge sie selber intuitiv finden und erspüren. Der Berggeist ist dabei stets ein guter Ratgeber, wie ich in der *Zauberkraft der Berge* ausführte!

Das Literaturverzeichnis im Anhang stellt meine subjektive Auswahl von Büchern über den Untersberg dar und erhebt keinen Anspruch auf Vollständigkeit. Verweise auf zusätzlich ausgewählte Literatur oder Zitate finden sich im Text des Buches.

Unterbergpanorama (Südseite) vom Obersalzberg aus gesehen.

Herzchakra der Erde

DER HEILIGE BERG EUROPAS

Vorhergehende Doppelseite: Festung Untersberg.

Das sieht nach viel Blut aus.
Dieses Mal wird es nicht ohne Gewalt abgehen.

Adolf Hitler am 21. August 1939 beim Anblick eines seltenen Polarlichts über dem Untersberg am Vorabend des Zweiten Weltkriegs

DER STEINERNE PROPHET

Bei einer von mir geführten Wanderung im Herbst 2010 zur Irlmaier-Madonna in die Almbachklamm kam Sabine Bello, eine aus Berchtesgaden stammende Mitwanderin, auf mich zu und erzählte mir eine Begebenheit vom Untersberg, die bei mir Gänsehaut erzeugte. Sie habe, so berichtete sie, seit 1981 ihren Arbeitsplatz neben einem Kraftort gegenüber dem Untersberg, dem Priesterstein bei Oberau. Bedingt durch ihr Interesse am Untersberg sei sie durch Gespräche mit einer Freundin und deren Tante (alle wohnhaft in der Oberau/Berchtesgaden) auf ein Himmelsphänomen über dem Untersberg gestoßen: In der Nacht vom 21. zum 22. August 1939 habe ein Polarlicht den Himmel in ein glühendes Rot getaucht und zugleich sei eine Wolkenformation in Form einer nach Osten gerichteten Hand erschienen.
Die Tante der Freundin, Johanna Stangassinger, hatte diese Erscheinung vom Priesterstein bei Oberau aus beobachtet. Kurz darauf begann der Zweite Weltkrieg.
1936 wurde der nahe gelegene Obersalzberg zum Sperrbezirk für den „Berghof" Adolf Hitlers. Die dort lebende einheimische Bevölkerung wurde zwangsenteignet – anfangs noch mit Entschädigungszahlungen und später auch ohne Entschädigung wurden die Haus- und Hofbesitzer aufgefordert, innerhalb weniger Tage ihren Besitz zu räumen. Die Häuser im Sperrbezirk wurden dann einfach gesprengt. Johanna Stangassinger war die jüngste Tochter des Hölzl-Bauern, dessen Hof Oberwurflehen schräg gegenüber an der steilen Bergstraße zu Hitlers Berghof lag – bis zum 1. Februar 1937, dann wurde er von den Nazis gesprengt.
Johanna Stangassinger, die mit der gesamten Geschichte des Obersalzbergs sehr gut vertraut ist, versuchte eine Skizze zu zeichnen, und weil das Malen ihr nicht so lag, ließ sie daraufhin bei der Berchtesgadener Malerin Erna Moser diese Erscheinung in ein Gemälde umsetzen und hat es Sabine Bello geschenkt. Diese gab es später an einen inzwischen verstorbenen Professor in Hannover weiter, wo es nun als verschollen gilt. Die Malerin hatte allerdings, wie von all ihren Werken, ein Foto angefertigt, welches Sabine Bello nun kopieren konnte.
Ein Heiliger Berg wies in einer dramatischen Inszenierung auf den Beginn eines dunklen, blutigen Zeitabschnitts der Weltgeschichte hin.

Gemälde von Erna Moser.

Er ließ zugleich nach Osten blicken, wo kurz darauf der Zweite Weltkrieg beginnen sollte.

Doch nicht nur bei den Einheimischen am Untersberg wurde jener „Fingerzeig" wahrgenommen. Hitlers Rüstungsminister Albert Speer schrieb in seinen *Erinnerungen:*
In der Nacht (zum 22. August 1939 – der Verfasser) standen wir mit Hitler auf der Terrasse des Berghofes und bestaunten ein seltsames Naturschauspiel. Ein überaus starkes Polarlicht überflutete den gegenüberliegenden, sagenumwobenen Untersberg für eine lange Stunde mit rotem Licht, während der Himmel darüber in den verschiedensten Regenbogenfarben spielte. Der Schlussakt der Götterdämmerung hätte nicht effektvoller inszeniert werden können. Gesicht und Hände eines jeden von uns waren unnatürlich rot gefärbt. Das Schauspiel rief eine eigentümlich nachdenkliche Stimmung hervor. Unvermittelt sagte Hitler, zu einem seiner militärischen Adjutanten gewandt: „Das sieht nach viel Blut aus. Dieses Mal wird es nicht ohne Gewalt abgehen."

Wenige Tage später begann Hitler mit dem Einmarsch in Polen den Zweiten Weltkrieg. Und im *Handwörterbuch des deutschen Aberglaubens* liest man zum Stichwort „Nordlicht":
Wie die rote Farbe bei siderischen Erscheinungen vor allem auf Krieg deutet, so ist auch die oft blutigrote Farbe des Nordlichts, dazu das Funkeln und die Bewegung, ein Omen für Krieg und Blutvergießen. Man glaubt in ihm Heere

Das Kehlsteinhaus mit Blick auf Untersberg (rechts) – Hitlers Repräsentationsgebäude/Diplomatenhaus.

kämpfender Geister zu erblicken. Aus seiner Richtung und der Lichtstärke zieht man Schlüsse über die Lage des Kampfplatzes und die Heftigkeit der Schlachten. Die Geisterkämpfe am Himmel bedeuten Kriegsprophetie für die Erde. Jedes Nordlicht kündet Krieg, Kampf, Blutvergießen an. Diese Vorstellungen finden wir im ganzen deutschen Sprachgebiet.

Doch es gibt noch eine weitere Duplizität zu jener mahnenden Inszenierung des Untersberges. Ebenfalls am 21. August 1939 um 21.30 Uhr – also vermutlich zur selben Zeit – traf in Hitlers Berliner Führungszentrale, der Reichskanzlei, ein Schreiben ein, das die bereits getroffene Entscheidung des „Führers" zum Einmarsch in Polen weiter unterstützte: *„An den Reichskanzler Deutschlands, Herrn A. Hitler.*
Ich danke für den Brief. Ich hoffe, daß der deutsch-sowjetische Nichtangriffspakt eine Wendung zur ernsthaften Besserung der politischen Beziehungen zwischen unseren Ländern schaffen wird.
Die Völker unserer Länder bedürfen friedlicher Beziehungen zueinander. Das Einverständnis der deutschen Regierung mit dem Abschluss eines Nichtangriffspaktes schafft die Grundlage für die Liquidierung der politischen Spannung und für die Aufrichtung des Friedens und der Zusammenarbeit zwischen unseren Ländern.
Die Sowjetregierung hat mich beauftragt, Ihnen mitzuteilen, daß sie mit dem Eintreffen des Herrn von Ribbentrop am 23. August einverstanden ist.
Josef Stalin

Der Berg wird kraft seiner eigenen magnetischen
und psychischen Ausstrahlung intuitiv als
geheiligt anerkannt.

Lama Anagarika Govinda

Heilige Berge

Die aus Oberösterreich stammende Schamanin Mondina (Dina Edelstein-Langer), die auch einen besonderen Kontakt zum Geist/zur Geistin des Untersberges besitzt, beschreibt Heilige Berge sehr tiefgründig: Sie charakterisiert zunächst Berge ganz im Sinne der Gaia-Hypothese von Lynn Margulis und James Lovelock als lebendige Teile unserer Welt:

- Berge sind Lebewesen! Berge tragen den Funken des Urknalls (Geist des Lebens) genauso in sich wie jede Materie (auch der Mensch ist Teil der Materie), die seit diesem Urknall entstanden ist und weiter entsteht. Berge sind durch den Geist des Lebens mit der Menschheit „verwandt".
- Berge sind mit ihren „Füßen" noch mit dem Feuer des Anfangs verbunden und erleben dieses Feuer und die Geburtswehen von Mutter Erde immer noch und intensiver als der Mensch. Berge werden direkt durch die Kraft von Mutter Erde genährt. Berge unterliegen dem Wandel von Geburt, Wachstum und Vergehen! Sie entstehen unter Bedingungen und haben ein Alter, das menschliche Vorstellungskraft übersteigt, „wachsen" sie doch in Zeiträumen, die der Mensch nicht sehen, sondern nur mit Instrumenten messen kann.
- Berge bestätigen die Lebenskraft von Mutter Erde, die der Mensch nur erahnen kann. Der Mensch kann diese Kraft sehen (z. B. Vulkanausbruch, Geysir) und spüren (z. B. Erdbeben).
- Berge haben ein „Bewusstsein", das anders ist, als das des Menschen. Wenn der Mensch bereit ist, sich auf dieses (andere) Bewusstsein einzulassen, dann bieten Berge ihr Mitgefühl an, können Lehrer sein, das Tor zur Ewigkeit öffnen und das JA zum Leben lehren!
- Berge sind aus sich heraus heilig! Berge waren für die Menschen in grauer Vorzeit – und damit meine ich wirklich die Zeit vor der Zeit – Rückzugsgebiete von Mutter Erde und deshalb tabu!

Mit fortschreitender Zivilisation des Menschen wurden Berge zu Objekten der Begierde!
In der westlich orientierten Zivilisation setzten sich die Menschen – als „Krone der Schöpfung", die sich die Erde untertan machen will – sowohl über die heiligen Rückzugsgebiete als auch über das TABU hinweg!

Schamanin Mondina mit Rainer Limpöck (Bildmitte links) beim Alpenschamanentreffen 2010 am Johannishögl vor dem Untersberg.

Unter dem Motto „Alles nur zum Heil der Menschheit und für eine bessere Welt“ befriedigen die Menschen sowohl ihre Gier nach Macht und Geld als auch ihre Hybris, wenn sie Berge – egal wie und um welchen Preis – ausbeuten, zerstören, zumindest aber bezwingen wollen. Bergpfade und Klettersteige wurden und werden in die Berge geklopft! Jeder Mensch, der will, soll ja möglichst schadlos auf die Gipfel und/oder ins Innere (Höhlen) kommen können.

Berge wurden und werden mit Haken und Ösen gespickt! Jeder (noch so ungeübte) „Gipfelstürmer“ soll einen Berg bezwingen und/oder eine Höhle erforschen können. *Das belebt den Tourismus und bringt Geld in die Kassen der Gemeinden.*

Berge wurden und werden gesprengt, abgetragen und ausgehöhlt! Jeder Transport (Mensch und/oder Waren) soll von A nach B mit Autos und/oder Zügen möglichst bequem, unfallfrei und vor allem rasch (auch im Winter) möglich sein. Jede Möglichkeit, an die Bodenschätze (Mineralien und Erze) zu kommen, muss – egal um welchen Preis – genutzt werden. *Das belebt die Wirtschaft.*

Stahlstützen und Drahtseile wurden und werden eingebohrt und einbetoniert! Liftanlagen, Sendemasten, Forschungsstationen, aber auch christliche Symbole (Gipfelkreuze oder Statuen) benötigen sicheren Halt. *Das belebt die Wirtschaft, den Tourismus und bringt Geld.*

Ein Mensch würde jeden seiner Peiniger erschlagen, der ihm das antut! Berge zeigen nur auf! Sie führen die „Krone der Schöpfung" immer wieder mal an ihre Grenzen und beweisen damit, dass der Mensch doch zu klein ist, um „sich die Erde untertan zu machen". Menschliche Schutzmaßnahmen und Bollwerke, auch wenn sie noch so gut ausgedacht, berechnet und ausgeführt werden, sind letztlich machtlos gegen die Kraft der Berge!
Hin und wieder lassen sich Berge doch nicht besteigen, bezwingen, und/oder ihr Inneres (z. B. Höhlen) erforschen oder rauben. Hin und wieder donnern – auch ohne Vorwarnung – Stein- oder Schneelawinen ins Tal oder schieben sich Erde und Schlamm talwärts. Hin und wieder wird ein „schlafender Vulkan" – auch ohne Vorwarnung – wach bzw. ein „erloschener Vulkan" entfacht sein Feuer neu.

Berge sind real sichtbar und ihre Wirkung real erlebbar!

Berge sind nur als solche zu erkennen, weil sie an ein Tal gebunden sind! Berge entstehen nur im Bereich von Bruchzonen der instabilen Erdkruste *(Verwerfung der Kontinentalplatten, Vulkane, Einbruch der Erdkruste über einem Magmasee oder im Zuge eines Erdbebens)*!

Berge ragen immer aus der sie umgebenden Landschaft in die Höhe!
Berge bedeuten immer einen Bruch (in) der Landschaft!

Aus den Erklärungen zu „heilig" und „Berg" ergibt sich:

KLUGE (Etymologisches Wörterbuch): *Heilige Berge sind mit Heil versehene Felsen bzw. eine mit Heil versehene Felswand.*
Wer oder was hat den Felsen oder die Felswand mit Heil versehen?

DUDEN (Bedeutungswörterbuch): *Ein Heiliger Berg ist eine von einem Gott (Gottheit?) gesegnete größere Erhebung im Gelände.*
Wer hat die Menschen darüber informiert, dass bzw. ab wann diese oder jene Erhebung gesegnet ist?

WIKIPEDIA zum Stichwort „Heilige Berge": *Ein heiliger Berg ist ein Berg, der als Heiligtum besondere religiöse oder kultische Bedeutung hat.*

Da macht die jeweilige Religion einen Berg zum Heiligen Berg. Klar, dass dadurch für eine andere Religion ein bestimmter Berg nicht heilig, sondern „ausbeutungswürdig" ist!
Da „heilig" wenig bis nichts mit Religion zu tun hat (auch wenn die Kirche anderer Meinung ist), sondern nur ein modernes (gebräuchliches) Wort für „heilend" (im Sinne von „ganz machend") ist, sind Berge generell heilig! Und das auch dann, wenn die eine oder andere Erhebung noch nie als „heilig" bezeichnet oder in einer Religion „heilig gesprochen" wurde.
Allein ihre Entstehungsgeschichte macht Berge zu „heilenden Orten der Kraft", denn in ihrem Wirkungsbereich sind die Welten durchläs-

sig und die menschlichen Gesetze von Raum und Zeit aufgehoben! Dies bewirkt, dass das menschliche Empfinden für Raum und Zeit beeinträchtigt wird, was – je nach Stärke des Kraftfeldes – manchmal auch zu Realitätsverlust führen kann. Dies bewirkt aber auch, dass sich der Mensch im Wirkungsbereich der Berge leichter mit dem Geistigen (Göttlichen) verbinden kann.
Höhlen sind Anzeichen für einen „Bruch" im Gesteinsgefüge – egal wann und wie sie entstanden sind und entstehen! Wie das Licht durch ein Prisma vielfältig gebrochen wird, so kann auch die Durchlässigkeit der Welten in Höhlen gebrochen werden. Dies macht sie zu besonderen Orten der Kraft, an denen der Bezug zur Realität (z. B. real erlebte Zeit) aufgehoben werden kann, bzw. zu besonders heilenden Orten (z. B. Lourdes, Heilstollen).
Wie jeder „Ort der Kraft" sind auch Berge – heilig gesprochen oder nicht – von einer unsichtbaren Schranke umgeben! Die Umrundung der Berge (z. B. heute noch der Kailash, oder früher z. B. der Großglockner und/oder der Untersberg) wurde entlang dieser unsichtbaren Bannmeile gegangen. Ob die seit einigen Jahren durchgeführte Umrundung des Heiligen Untersberges (von der Kirche angeregt und von diversen Tourismusverbänden freudig begrüßt) auch entlang dieser Bannmeile gegangen wird oder ob der „neue Pilgerweg" (z. B. militärisches Sperrgebiet) willkürlich gewählt wurde? Bewiesen ist nur, dass das Gehen (mit der Kraft von Mutter Erde in Resonanz treten) auf „Pilgerwegen" die heilende Kraft dieser Pfade verstärkt.

Jeder Mensch kann „seinen Berg" (der eigene „Hausberg" kann für andere ein unbedeutender Hügel sein) zum „Heiligen Berg" machen, wenn er an diesem Ort Kraft schöpfen und Heilung erfahren kann und/oder er sich „seinem Hausberg"(z. B. aus Tradition oder eigenem Erleben) verbunden fühlt.

Weil es „Heilige Berge" gibt, muss es auch „unheilige Berge" geben. Sind unheilige Berge diejenigen, die für unsere Vorfahren als TABU-Berge galten und heute noch von der indigenen Bevölkerung gemieden werden?

Die Menschen der Vorzeit erkannten noch die Gefahren, die in manchen Bergen und ihrer Umgebung „wohnen". Sie wussten aus langjähriger Beobachtung und Erfahrung, dass es Kraftorte gibt, denen sich Menschen – ohne entsprechende schützende Vorbereitungen und Vorkehrungen – besser nicht nähern, und belegten diese Gebiete durch bestimmte Maßnahmen mit einem zusätzlichen TABU!
Tabu-Berge waren einst die Berge, die von den Indigenen (gleich welcher Kultur!) als nicht heilend erkannt wurden und deshalb gemieden werden mussten – und von diesen Menschen auch gemieden wurden. Diese Berge wurden vielfach als Begräbnisstätten genutzt, um den Gestorbenen a) den Übergang in die andere Welt zu erleichtern, und b) damit gesichert war, dass die Totenruhe nicht gestört wurde!

Allein die Dosis macht das Gift

In der Medizin (Arzneimittellehre) bestimmen Menge und Dauer der Einnahme einer Substanz (auch Bestrahlungen sind „Substanzen"), ob diese heilend oder verheerend („krank machend" bis tödlich) ist.
Auf Berge (Kraftorte) übertragen bedeutet dieser Grundsatz, dass die „Kraft eines Berges" bestimmt, ob dieser „heilig" (heilend) oder „unheilig" (krank machend) ist oder gar gemieden werden soll! Bei einem aktiven Vulkan ist das sogar für einen „Westler" klar, obwohl es mittlerweile auch schon Vulkantourismus gibt. Bei Heiligen Bergen und/oder gar den Tabu-Bergen unserer Vorfahren und heute noch lebender Indigener wird das vom „aufgeklärten Westler" oft und gerne übersehen! Die – ach so aufgeklärten – Westler setzen sich über Heilige Berge, aber auch die Tabu-Berge der Indigenen (auch Kelten und Germanen waren einstmals Indigene) hinweg!
Da werden Touristenströme auf die Heiligen Berge getrieben, nicht ohne vorher natürlich gute Aufstiegsmöglichkeiten in den Berg geschlagen zu haben!
Da wurden (werden) in Tabu-Bergen seltene Bodenschätze (z. B. Uran) geortet und dann ausgebeutet. Ob – durch den Bergbau und die Minenarbeiten – das Wasser für die indigene Bevölkerung verseucht wird, kümmert keinen!
Da wurden die Gesichter von „wichtigen" Präsidenten der USA im Stein eines Heiligen Berges der Indigenen verewigt!
Da werden Tabu-Berge für diverse militärische Forschungen genutzt, um z. B. die Durchschlagskraft von Waffen zu erproben und/oder zu üben!
Da werden die Gipfel von Tabu-Bergen mit Sende- und Handymasten gespickt, wie z. B. der dem Untersberg gegenüberliegende Gaisberg, der als TV-, Radio- und Handy-Sendeturm fungiert. Der Wortbestandteil *gais* kommt übrigens aus dem Keltischen und bedeutet „tabu".
Wenn die Klimaforscher und die Wissenschaftler, die den Permafrost untersuchen, richtig gerechnet haben, dann werden bald viele Berge als TABU-Berge eingestuft!

Du sollst die Berge nicht durch Rekordsucht entweihen,
du sollst ihre Seele suchen!

Luis Trenker

Bruderberg Kailash

Rechte Seite: Die Südseite des Kailash, fotografiert von Markus Raich.

Wenn Heilige Berge rituell umwandert werden, so entspricht dies oft jahrtausendealten Bräuchen. Der bekannteste Berg, der von seinen Pilgern umrundet wird, ist der in Tibet gelegene und zum Himalayagebirge gehörende 6714 m hohe Kailash. Er gilt für die tibetischen Buddhisten als der heiligste Berg, zugleich ist er dies aber auch für Hinduisten, Jainisten und Anhänger der Bön-Religion. Die Pilgerstrecke beträgt ca. 52 Kilometer und erfolgt von den Gläubigen der jeweiligen Religionen im oder entgegen dem Uhrzeigersinn. Auch die Anzahl der Umrundungen besitzt eine große spirituelle Bedeutung.

In der Geomantie wird unser Heimatplanet als ein lebendiges Wesen gesehen. Wie das menschliche Energienetz mit den verschiedenen Chakren und Meridianen wird auch die Erde, so die Vorstellung, von einem Netz an Kraftlinien – so genannten Leylines – überzogen, die verschiedene Kraftzentren und Kraftorte miteinander verbinden. Der Kailash stellt dabei das Kronen- oder Scheitelchakra dar, dessen Bedeutung für Spiritualität, Bewusstheit, universelles Bewusstsein und höchste Erkenntnis steht.

Auch wenn natürlich in diesem Verständnis alle Erdchakren miteinander in Verbindung stehen, so möchte ich doch auf die besondere Verbindung von Kailash und Untersberg hinweisen.

Im tibetanischen Buddhismus ist der Kailash der heiligste Berg – und der Untersberg der zweitheiligste Berg. In ihm sieht man den Eingang zur Mittelerde, zu dem legendären Reich Agarthi mit seiner Hauptstadt Shamballa.

Rührt daher jene Sagenvielfalt von einer Art Parallel- oder Spiegelwelt im Untersberg? Sind die Untersbergler die Bewohner der „Mittelerde", die die Technik der Zeitreise beherrschen?

Ich liebe diesen Berg nicht,
für mich ist er eine Herausforderung.

Der „Untersbergpfarrer" Herbert Josef Schmatzberger

DIE UNTERSBERGWALLFAHRT

Seit 1998 wird der Untersberg auch von gläubigen Christen umrundet. Pfarrer Herbert Josef Schmatzberger aus Großgmain gilt als Initiator dieses Pilgerweges. Er orientierte sich dabei am Lazarus-Mythos. In der Lazarussage (siehe S. 62) werden 12 Kirchen (Kraftorte oder frühere Kultplätze) rund um den Untersberg beschrieben. Auch wenn Pfarrer Schmatzberger heute für 14 Kirchen plädiert (siehe S. 79), so besuchen die Wallfahrer 10 dem Untersberg nahe gelegene Kirchen, einschließlich der Irlmaier-Madonna in der Almbachklamm (siehe S. 147):

Fürstenbrunn · Glanegg · Grödig · St. Leonhard · Ettenberg
Irlmaier-Madonna · Maria Gern · Bischofswiesen · Winkl · Großgmain

Jedes Jahr wird dabei eine Wegstrecke von ca. 52 Kilometern zurückgelegt. Bei Heiligen Bergen scheint die Zahlenmystik eine große Bedeutung zu spielen. Der menschliche Pilgerweg rund um das Kronenchakra und das Herzchakra der Erde beträgt bei beiden Heiligen Bergen ca. 52 Kilometer. Die Quersumme bildet 7 und die Zahl 7 ist im Buddhismus und im Christentum heilig.
In der Annahme, dass im Untersberg viel Unerlöstes, viel in Fels Gebundenes steckt, wird er so jedes Jahr am 14. August umwandert, in der Absicht, den Berg positiv zu stimmen und das in Stein Gebundene durch gute Gedanken und Gebete zu erlösen.

Pilgerführer Hermann Schröder: Untersbergwallfahrer vor Maria Ettenberg, 14. August 1998.

Die Gebirge sind stumme Meister
und machen schweigsame Schüler.

Johann Wolfgang von Goethe

Ein Herzchakra der Erde

Der Dalai Lama, das Oberhaupt der tibetischen Buddhisten, gilt als erleuchtetes Wesen, das sich aus Mitgefühl reinkarniert hat. Er bezeichnete den Untersberg als ein „Herzchakra der Erde".
Was nur wenige wissen: Der Dalai Lama besucht jedes Jahr den Untersberg. In Salzburg und auch in Kärnten gibt es zudem buddhistische Zentren der Dalai-Lama-Richtung (Gelup-Ka, der Gelbmützen-Orden). Den Kontakt zum österreichischen Alpenraum bekam er auch durch die Freundschaft mit dem aus Kärnten stammenden Bergsteiger und Forschungsreisenden Heinrich Harrer, der in den 30er Jahren des letzten Jahrhunderts sogar sein Lehrer gewesen war. Heinrich Harrer hat diese Freundschaft in seinem Buch *Sieben Jahre in Tibet: Mein Leben am Hofe des Dalai Lama* (Originalausgabe 1952) eindrucksvoll beschrieben.
Schamanen, Geomanten und die Matriachatsforscherin und Landschaftsmythologin Heide Göttner-Abendroth haben den Untersberg als einen „Schlafenden Drachen" bezeichnet, wie er sich auch in der Nordansicht des Gebirges (siehe Foto S. 26/27) abzeichne.
Sein Erwachen wird von manchen als nicht ungefährlich betrachtet. Die Wallfahrt mag dazu beitragen, jene „Drachenkräfte" zu besänftigen. Der „Drache" ist in der Symbolsprache ähnlich dem Begriff „Mutter Erde" Ausdruck einer göttlich-weiblich empfundenen Erdkraft. Die

Das Eingangsbild meiner Website www.untersberg.org.

„Drachenkräfte" des Untersberges äußern sich seit Urzeiten in besonderen Phänomenen, u. a. in seinen Zeitanomalien und dem Verschwinden von Menschen.
Und der Wallfahrtstermin selbst? Der 14. August? Ist er wieder „nur" eine Resonanz zu der Bedeutung der Zahl 7 (also 2 mal 7)?

Verzauberte Landschaft: Blick auf die Buttnmandl.

Der Schlafende Drache: Untersberg mit Gois im Vordergrund.

Auffallend ist, dass die Sieben in der Lazarussage sehr oft auftaucht: 7 Tage war Lazarus im Berg, um 7 Uhr begann seine abenteuerliche Reise in die Unterwelt, er sah 7 Glockentürme, 7 Bächlein, einen Brunnen aus Alabaster mit 7 Messingröhren, eine Kirche mit 7 Orgeln usw.
Dem 14. August folgt der Hohe Frauentag – Maria Himmelfahrt –, jener Tag, an dem sich der Sage nach ein Zeitportal bei der Mittagsscharte öffnen soll, jener Tag, an dem der Frauendreißiger beginnt, also die 30 Tage des Kräutersammelns.
Um den 15. August öffnen sich also rund um den Untersberg spirituelle Pforten in die Anderswelten. Die Untersbergwallfahrer klopfen an einigen dieser Portale, die heute mit Sakralbauten „verkleidet" sind, an. Während der Kailash als Kronenchakra die Erde mit dem Kosmos verbindet, so verbindet uns der Untersberg mit seiner zentralen Herzensenergie (das mittlere Energiechakra!) mit dem Erdenergiefeld der bedingungslosen Liebe, der Lebensfreude und Heilung und den Bewohnern der anderen Wirklichkeit, die in den Sagen u. a. als Untersbergmandl, Zwerge, Riesen und Wildfrauen immer wieder auftreten. Das erklärt auch die Vielzahl von Kraftorten rund um und auf dem Berg (siehe S. 81).

Eine andere Wirklichkeit

DER BERG DER AHNEN

Der Untersberg ist der Andersweltberg schlechthin.

Georg Rohrecker

Der Andersweltberg

Vorhergehende Doppelseite: Alfred Schlagbauer aus Seeon: „Der dampfende Franziskus" (Modell Franz Lindenmayr), aufgenommen in der Kolowrathhöhle/ Untersberg.

Der Keltenfachmann Georg Rohrecker definiert den Untersberg als einen typischen Andersweltberg der Kelten, der unmittelbar mit ihrer Naturreligion in Verbindung stand: „Allein schon das Wort Berg enthält eigentlich schon, worum es beim Untersberg (...) geht. Berg kommt von (ver-)bergen, schützen und ist eng verwandt mit gebären! Kein Wunder, dass sich die Kelten ihre Ur-Muttergöttin auch wörtlich als Bergmutter vorstellten, die auf und in ihren Bergen wohnte! Die Höhlen der Berge waren ihr Bauch, ihr ‚Uterus' (dt. Gebärmutter), in dem sie seit der Steinzeit den Menschen Schutz und Geborgenheit boten. Unsere keltischen Ahnen vermuteten schließlich dort drinnen ihre bergende, heilmachende, paradiesische Anderswelt, aus der heraus die Seelen als Menschenkinder wiedergeboren würden." (www.diekelten.at)

Folgt man der Sage, so ist der Berg angefüllt mit unermesslichen unterweltlichen Schätzen und bietet paradiesische Lebensbedingungen. Unzählige Jäger, Waldarbeiter, Hirten und Bewohner des Umlandes wurden in das Innere des Berges geführt und reich beschenkt. Die Wildfrauen brachten vernachlässigte und notleidende Kinder in ihren (ver)bergenden Schutz.

Auch in der heutigen Zeit gibt es Berichte, nach denen Menschen von Untersberglern in den Berg geführt wurden (so etwa Ingomar von Lex – S. 64, Eugen Köberle, S. 147), und es gibt Zeugnisse von Menschen, die Untersberglern begegnet sind (Elisabeth Zehnter – S. 53, Michael Gentschy – S. 123). Sie erhielten Botschaften (Eugen Köberle in *Die Zauberkraft der Berge*) oder eine Prägung für das spätere Leben, wie Ingomar von Lex (siehe S. 67), der im reiferen Erwachsenenalter sich für Energetik zu interessieren und mit entsprechenden Ausbildungen begann.

Der im 8. Jahrhundert lebende und aus Irland stammende Mönch Virgil wurde ein Salzburger Bischof und ist als genialer Gelehrter der damaligen Zeit bekannt. Unter ihm war es den Gläubigen sogar noch gestattet, an die Anderswelt im Untersberg zu glauben.

Es scheint, dass der Berg jenes Prädikat „Andersweltberg" durch die Zeiten bewahren konnte. Viele heutige Menschen verehren den Berg, umrunden ihn wie oben beschrieben in einer Wallfahrt, besuchen seine Kraftorte, sprechen mit seinen geistig-seelischen Identitäten, bewahren ein reiches Brauchtum, pflegen den Schatz der Mythen in Büchern, auf Vorträgen und auf Websites und fühlen sich in seinem

Eingang Steinerner Kaser.

Schutz sicher. Die Geborgenheit vermittelnde Unterwelt scheint dabei ein wichtiges Indiz zu sein.
Jedes Jahr gibt der Berg den zahlreichen Höhlenforschern neues unbekanntes Terrain frei. Seine Popularität wächst offenbar auch mit der sich dadurch ständig vergrößernden Karte seiner „Innereien". Das Riesending – Deutschlands längste (16 km) und tiefste Höhle am Untersberg seit 2010 – steht so kurz vor der vermuteten Anbindung an weitere Großhöhlensysteme auf österreichischer Seite, das Gamslöcher-Kolowrat-System (33 km !) oder das Windlöcher-Klingertalschacht (10 km). Ein bis zu 100 km langes Riesenhöhlensystem steht in den nächsten Jahren kurz vor der Entdeckung.
Anderswelt = Unterwelt? Diese „Formel" hat in der Menschheitsgeschichte schon immer eine große Bedeutung gespielt. In den Höhlen wurde orakelt, ritualisiert und initiiert. Der Bauch von Mutter Erde galt als heilig und schützend. Hier wurde Menschheitsgeschichte im wahrsten Sinne des Wortes im Fels verewigt. Unsere Vergangenheit schwingt in diesem Gebirge mit. Ein Konglomerat aus Sagen mit ihrem wahren Kern, Kraftorten und spirituell wandernden Bergbegeisterten, die versuchen, die Sprache des Berges zu verstehen oder ihre Lebensvision zu finden.
Ist dies der Grund für das Unerlöste im Berg, das die Untersbergwallfahrer jedes Jahr wieder um ihn pilgern lässt, oder ist dies auch der Impuls für die alpenschamanisch Tätigen, die sich neuerdings jedes Jahr zu seinen Füßen treffen, um zu den Anderswelten zu reisen?

Der Verborgenes sehen kann.
Zukunftwissend, zaubermächtig,
Dunkles raunend, weisheitsträchtig
Spricht er dann, der uralt Alte,
Dass die Hände furchtsam falte
Und im Herzen es behalte,
Wer es hörte irgendwann.

Ein Rabengedicht – Verfasser unbekannt

Der Dohlenfriedhof im Untersberg

Während der Untersberg in vielen Sagen als Ahnenberg klassifiziert wird und Georg Rohrecker ihn als den keltischen Andersweltberg bezeichnet, gibt es in der Tierwelt einen ganz realen Hinweis auf diesen „Rückzugsort“: den Dohlenfriedhof in der Schellenberger Eishöhle. Dazu ein Hinweis in einem *Spiegel*-Bericht vom 17. Februar 1954 unter dem Titel „Himalaya vor der Haustür“:
Hier will der ortsansässige „Verein für Eishöhlenkunde“ ansetzen. Über die sperrigen Eis- und Schneebarrieren hinweg wird er im Sommer eine Expedition starten, die vor allem einmal das Rätsel des sogenannten „Dohlenfriedhofs“ lösen soll, eines mit Federn und Knochen übersäten Felsganges von bisher unbekannter Länge. Die Wissenschaft vermutet, dass sich die Bergdohlen seit Jahrhunderten dorthin zurückziehen, wenn sie ihr Ende fühlen, und rechnet mit einem Pendant der mysteriösen Elefantenfriedhöfe Afrikas.
Auch wenn die anschließenden Forschungen nur wenige Dohlenskelette nachweisen konnten, so scheinen gerade die der Rabenfamilie zugehörigen Bergdohlen eine besondere Bedeutung für den Berg zu besitzen. In der Sage heißt es, wenn 24 Raben, „nicht mehr und nicht weniger“, den Berg umkreisen, „ist des Kaisers Zeit gekommen“. (Götter- und Heldensagen, Genf 1996, S. 589)
In einer anderen Sage (Nr. 60), aufgezeichnet von Nikolaus Huber in seinem Buch *Sagen vom Unterberg*, heißt es: „Als der Hirt eintrat, erwachte der Kaiser und fragte: ‚Fliegen die Raben noch um den Berg?‘ – ‚Jawohl, und zwar in Menge‘, entgegnete der Hirt, und schwer seufzend der Kaiser: ‚Dann müssen wir noch hundert Jahre warten.‘“
Georg Rohrecker wiederum entschlüsselt die symbolische Bedeutung der Raben. Er sieht in ihnen „Begleiter der keltischen Todes- und Schutzgöttin Borbeth, der Hüterin der Anderswelt und Nachfolgerin der alten Großen Bergmutter (...).“

Dohlenfütterung unterhalb des Salzburger Hochthrons.

Erst wenn „nur noch“ 24 Raben den Untersberg umkreisen, ist die „Endzeit“ gekommen, jener Zeitpunkt, zu dem Kaiser Karl zur „Endzeitschlacht“ am Walserfeld bei Salzburg anzutreten hat. Was könnte sich hinter diesem Symbolbild verbergen?
Warum sollten einmal keine Raben/Dohlen den Untersberg bewohnen, wo sich doch heute auch wieder Adler und Geier angesiedelt haben? Ist es ein versteckter Hinweis auf die Folgen eines Klimawandels, der sich schon heute in einer sich ändernden Flora und Fauna ankündigt? Ich meine, dass jene „Endzeitschlacht“ bereits begonnen hat. Die Schlacht des Menschen gegen die Erde, seinen Heimatplaneten, den er rücksichtslos ausbeutet und nicht mehr als Mutter verehrt und achtet.

Wer den Untersberg kennt, der weiß,
dass er von gewissen „Geistern",
mit anderen Worten von gewissen Naturkräften,
die unter gewissen Umständen körperliche Erscheinungen
hervorbringen können, bewohnt ist.

Franz Hartmann

Die Geisterhöhle

Folgt man dem neuesten Werk des Sachbuchautors Reinhard Habeck, *Kräfte, die es nicht geben dürfte,* so findet sich bei Fürstenbrunn eine Höhle, in der es nicht mit rechten Dingen zugehen soll.
Zunächst möchte ich korrigierend erwähnen, dass diese Höhle keine natürliche Höhle ist, sondern ein künstlich geschaffener Stollen. Bei seinen Recherchen fand Habeck allerdings keinen Hinweis auf den Ursprung der Höhle und vermutet eine militärische Einrichtung aus einem der beiden Weltkriege.
Bei dieser *Geisterhöhle* besteht also noch einiger Forschungsbedarf, denn nicht nur der unbekannte Ursprung macht sie mysteriös: Dazu tragen auch die eigenartigen Erfahrungen bei, die dem Höhlenbesucher dort zustoßen können – Erfahrungen aus einer anderen Wirklichkeit. Die Höhle liegt in Talnähe, ist also relativ leicht und rasch auffindbar. Man orientiert sich Richtung *Untersbergmuseum Fürstenbrunn* und parkt dann entweder am Museum und geht zurück zum Bach oder man parkt vor der Brücke rechts bei den letzten Häusern.

Aufstieg zur Froasenhöhle (Geisterhöhle).

Scharnier vor dem Stollenportal der Froasenhöhle (Geisterhöhle).

Am Ende des Baches auf der rechten Bachseite setzt neben einem gespaltenen Felsen (Spaltfelsen!) ein steiler Treppenweg nach oben an. Noch vor Wegbeginn und praktisch hinter den letzten Wohnhäusern hält man sich allerdings rechts und entdeckt einen kleineren, unscheinbaren Bachlauf. Diesem folgt man etwa 50 m. Wenn man nun den linken Bachabhang hinaufblickt, sieht man bereits den Stolleneingang.

Der 20-m-Anstieg ist steil und rutschig und bedarf der Vorsicht! Vor dem Stollenportal fallen auf der linken Seite eiserne Scharniere auf, die darauf schließen lassen, dass der Stollen einmal abgesperrt war. Befand sich hier einmal ein eisernes Portal? In den Untersbergsagen von Lazarus Gitschner oder der Eisernen Pforte von Hallthurm finden wir Hinweise auf solche Zugänge zum Berg.

Die Stollenhöhe beträgt knapp zwei Meter. Nach wenigen Metern macht der Gang einen Knick nach links, verläuft wieder einige Meter geradeaus und teilt sich dann nochmals in zwei kurze weitere Stollenabschnitte, die wiederum nach wenigen Metern enden. Die Gesamtlänge beträgt ca. 30 Meter. Auch der seltsame Stollenverlauf macht neugierig.

Autor *Reinhard Habeck* erzählt in seinem Buch von einer Videokamera, die trotz Funktionstüchtigkeit nur den Ein- und den Ausstieg aus dem Stollen aufnahm – dazwischen klafft eine mysteriöse Zeitlücke. Das

In der Froasenhöhle (Geisterhöhle) vor dem Gangknick.

kommt mir doch bekannt vor! Wirken hier bereits die Kräfte der Kyrill-Linie (siehe S. 69)?

Er spricht auch von zahlreichen Orbs, die von verschiedenen Digitalfotokameras im Stollenbereich festgehalten wurden. Und dann beschreibt er ein panikartiges Gefühl, das ihn bei seinem ersten Besuch schnell wieder hinaustrieb. Ein „Nebelwesen" ist später auf den Fotoaufnahmen zu sehen.

Merkwürdig ist, dass auch andere Besucher über Sichtungen von Naturwesenheiten berichten.

Bei meinem ersten Besuch stelle ich zunächst fest, dass meine Digitalfotokamera im Höhleninneren nicht auslöst, obwohl der Vorblitz funktioniert und tätig ist. Liegt dies an dem zu schwachen Blitz und an den Stollenwänden, die jegliches Licht schlucken? Eine natürlich Erklärung ist denkbar – wenn da nicht die Reaktion meiner Frau gewesen wäre, die – obwohl sonst nicht schreckhaft – in einer Art Panikattacke zum sofortigen Verlassen des Stollens drängte. Sie hatte „etwas Unheimliches" wahrgenommen – ungefähr an derselben Stelle wie Reinhard Habeck – und dabei kannte sie seinen Bericht bis dahin noch nicht. Was tut sich dort, in jenem mysteriösen Stollen, dessen „sachlicher" Name „Geisterhöhle" uns zu einem neuen Namen inspiriert: die **Froasenhöhle.** (*Froasen* oder *Fraisen* leitet sich vom mittelhochdeutschen Wort *vraise* her und bedeutet so viel wie „Wut", „Schrecken" oder „Angst".)

Viele Vorgänge am Untersberg lassen sich nur über den Austausch mit der geistigen Welt verstehen. Ich bat die Schamanin Mondina (Dina Edelstein-Langer aus Linz) um ihre Hilfe und sie schrieb mir daraufhin Folgendes:

Im Eingang zur Froasenhöhle (Geisterhöhle).

Ich habe heute eine Reise zum Thema gemacht, die reichlich verrückt erscheint … teils hab ich nur Worte gehört, teils wurden mir Bilder gezeigt … in die Höhle selbst durfte ich nicht.
Ich bin über die Geistin, den mir bekannten Geist des Untersberges ins Thema „eingestiegen", d. h. deinen Beitrag (…) vor dem geistigen Auge bzw. in der Hand:
Die Höhle bzw. der Ort ist männlich und vom Geist beherrscht, „was machbar ist, auch unbedingt machen zu müssen".
Die Höhle war ursprünglich eine kleine und sehr verborgene (schwer zugänglich) und wurde vor Urzeiten für „scharze Messen" u .a. genutzt.
Gibt es dafür irgendwelche Hinweise in alten Erzählungen/Legenden/Mythen aus der näheren oder weiteren Umgebung?
In Kriegs- und Krisenzeiten wurde die Höhle immer wieder erweitert und genutzt. Es wurden geheime Experimente zur Kriegsführung und Machtausübung durchgeführt.
Wäre interessant, was Luftproben, Gesteinsproben, Geigerzähler und andere Instrumente über angereicherte, d. h. noch vorhandene Gifte aussagen. Vorsicht! Die Höhle nicht ohne (gegen vieles! schützenden) sicheren Schutzanzug genauer zu untersuchen.
Mondina bestätigt im Wesentlichen Habecks Vermutung einer kriegstechnischen Nutzung, verweist aber darüber hinaus auf den alten schwarzmagischen Kultcharakter dieser Ursprungs-Höhle. Die Froasen- oder Geisterhöhle liegt in einem Gebiet neuer und alter kultischer Bedeutung. Dazu gehören das Karlsohr als uralter Orakelort (siehe S. 127), weiters die über dem Karlsohr liegende Grasslhöhle mit der Venusblume (S. 122) und das Zeppezauerhaus, das seit einigen Jahren auch für spirituelle Seminare genutzt wird.

Eine wichtige Aufgabe des religiösen Menschen ist,
seinen Ahnen durch
Gebet und heilige Handlungen
auf dem Weg ins Jenseits beizustehen.

Kurt Lussi (Schweizer Volkskundler)

Verirrte Seelen

Margit Bonhagen und ihre spirituelle Reinigungsarbeit

Meine Beobachtungen zur Sommersonnenwende 2009 deuteten auf eine sensible Zeitperiode am Untersberg hin. Es kam wiederholt zu tödlichen Bergunfällen am Untersberg, und zwar in der Gegend zwischen Almbachklamm und Berchtesgadener Hochthron, in derselben Region, wo eine Frau aus Riga 2007 auf dem Weg zum Störhaus und eine junge Frau aus Colorado 2008 in Bergnot geraten waren. Letzterer Bergunfall wurde als „Das Wunder vom Untersberg" bekannt, ich habe bereits in der *Zauberkraft der Berge* darüber geschrieben.
Hier meine dokumentierten Daten sowie einige Zeitungsartikel. Ich habe dabei nur die schweren Unfälle erfasst und die zahlreichen leichten nicht extra aufgeführt:

21. Juni 2007 Frau aus Riga am Aufstieg zum Störhaus
19. Juni 2008 Frau aus Colorado zwischen Störhaus und Gurrwand
1. Juni 2009 Mann aus Freilassing am Mittagsloch nahe Störhaus
13. Juni 2009 eine Kletterin am Berchtesgadener Hochthron-Klettersteig
14. Juni 2009 ein Kletterer nahe der Toni-Lenz-Hütte
19. August 2009 Wandererin an der Hammerstielwand über Almbachklamm
27. September 2009 eine Kletterin am Mittagsloch nahe Störhaus

1. Juni 2009 Bergsteiger tödlich verunglückt

UNTERSBERG/LKR. BERCHTESGADENER LAND.
Ein 34-jähriger Bergsteiger ist am 1. Juni 2009 am Untersberg in den Berchtesgadener Alpen tödlich verunglückt.
Nach den bisherigen polizeilichen Feststellungen befand sich der 34-Jährige aus Freilassing am Pfingstmontag alleine auf einer Bergtour am Untersberg. Aus bislang ungeklärter Ursache stürzte er im Bereich Mittagsloch ca. 100–150 m ab und erlitt tödliche Verletzungen. Am Nachmittag des 2. Juni 2009 wurde der Verunglückte von anderen Bergsteigern aufgefunden. Aufgrund der Wetterlage war eine Bergung am gestrigen Tage nicht mehr möglich, weshalb

die Bergung erst heute Vormittag gelang. Im Einsatz waren die Bergwacht Marktschellenberg und Beamte der Alpinen Einsatzgruppe der Polizei mit Unterstützung eines Polizeihubschraubers.
Auszug aus dem Polizeibericht

13./14. Juni 2009 Kletterer am Untersberg abgestürzt

Die Bergwacht hat eine Frau aus dem sogenannten Hochthron-Klettersteig am Untersberg retten müssen.
Die Frau war gestern (13.6.09) mit ihrem Mann unterwegs und rund 75 Meter unterhalb des Ausstiegs gestürzt. Dabei verletzte sie sich an Beinen und Armen. Außerdem war sie stark erschöpft. Da sie selbst nicht mehr in der Lage war, das letzte Stück aufzusteigen, verständigten weitere Klettersteiggeher die Rettungsleitstelle. Die Frau konnte per Hubschrauber gerettet und ins Tal geflogen werden. (Quelle: www.bayernwelle.de)

Ein Kletterer ist am Sonntagmittag auf dem Untersberg bei Berchtesgaden abgestürzt. Die Polizei geht davon aus, dass der Kletterer ums Leben kam, wie ein Sprecher in Berchtesgaden sagte. Mehr könne er noch nicht zu dem Unfall sagen, der sich nahe der „Toni Lenz Hütte" ereignete. Die Bergwacht sei noch im Einsatz. Über die Hütte gelangen Wanderer zur Schellenberger Eishöhle, die etwa 1570 Meter über dem Meeresspiegel liegt. (Quelle: dpa/lby)

19. August 2009 Tödlicher Absturz in Marktschellenberg

Eine Urlauberin ist gestern an der Hammerstielwand in Marktschellenberg tödlich verunglückt. Der folgenschwere Absturz ereignete sich gestern Nachmittag bei einer Wanderung von Ettenberg zur Almbachklamm. Die Frau dürfte über eine Wurzel gestolpert sein: Sie stürzte gut 75 Meter in die Tiefe. Der Ehemann alarmierte zwar sofort die Rettungskräfte. Für seine Frau kam aber jede Hilfe zu spät: Sie dürfte sofort tot gewesen sein. (Quelle: http://www.bayernwelle.de)

Am selben Ort (unterhalb des Mittagslochs), wo am 1. Juni ein Mann tödlich verunglückt war, starb am 27. September eine Frau:

27. September 2009 | 16:30 Uhr | Salzburg

OBERÖSTERREICHERIN AM UNTERSBERG TÖDLICH VERUNGLÜCKT
Eine 36-jährige Frau stürzte am Sonntag beim Mittagsloch rund 200 Meter in eine steile Felsrinne. Die Mannschaft des Rettungshubschraubers konnte nur mehr den Tod der Frau feststellen.
Laut Polizei war die Frau aus Bad Ischl mit ihrem Mann auf einer Bergtour auf den Untersberg unterwegs. Sie durchstiegen den Berchtesgadener Hochthronsteig und stiegen dann durch das sogenannte Mittagsloch ab. In dem steilen Gelände unterhalb des Mittagsloches, das teilweise mit Stahlseilen gesichert ist, stürzte die Frau aus noch ungeklärter Ursache etwa 200 Meter ab.
(Quelle: SN, APA)

Diese seltsam gehäuften Unglücksfälle am Berg, deren Ursache in einigen Fällen verborgen blieb bzw. nicht mehr eruierbar war, führten dazu, dass ich Margrit Bonhagen, eine schamanisch tätige Frau, die mit dem Untersberg wohlvertraut ist, um Hilfe bat. Ihre Anteilnahme und Mithilfe halte ich anhand ihrer Aufzeichnungen fest.
In ihrer schamanischen Arbeit erkannte sie folgendes Problem:
Alles ist in Resonanz, denn es stürzt nicht jeder Wanderer ab, sondern nur der, der in diesem oder vergangenen Leben und besonders in diesem Augenblick mit seinen Gedanken oder Handeln weniger als Liebe ist – mit sich selbst, seinen Mitmenschen oder der Natur (Mutter Erde).
Die an diesen Punkt gebundenen Seelen sind in einem Zwischenraum ohne Zeit gefangen. Aus Angst- oder Schuldgefühlen und aus Angst vor Bestrafung verhindern sie ein Weitergehen ins Licht. Sie leben in einer Scheinwelt, in der sie nicht erkennen können, dass sie gestorben sind. Dies ist der Augenblick, wo der Wanderer (am Untersberg) mit den aus gleicher Ursache an diesen Ort gebundenen Seelen in Resonanz geht.
Und es ist dies der Moment seiner Schwäche, wo die Resonanz so stark ist, dass er den Halt verliert und in die Dunkelheit gezogen wird.
Margrit Bonhagen beschreibt ihren Lösungsweg:
Alles ist Resonanz, auch der Weg zur (Er-)lösung, wenn der Zeitpunkt stimmt und sich Helfer begegnen.
Es war eine sehr große Anzahl von erdgebundenen Seelen, die ich erst in Licht gehüllt, ihnen Engel an die Seite gestellt habe und im vom Herzen kommenden Gespräch überzeugen konnte, mit den Engeln in Licht und Freude zu gehen.
Bei einem Ritual, wo ich Erzengel Michael um Hilfe bitte, sehe ich, wie die erdgebundenen Seelen durch eine Lichtspirale ins Licht geführt werden.
In den Zeichnungen veranschaulichte sie Problem und Lösungsweg.

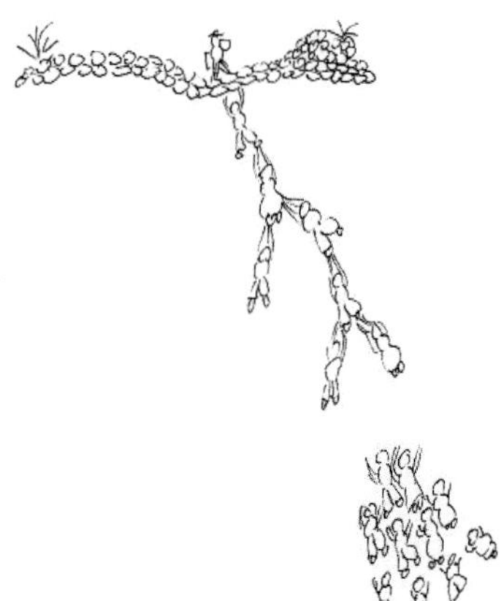

Linkes Bild: Untersberg-Reinigung – Problemsituation.

Rechtes Bild: Untersberg-Reinigung – Lösung.

Die Alphornbläser von Karlstein und die Armen Seelen

Zugleich begann ich 2009 einen alten Brauch wiederzubeleben. Im Sinne der Alphornbläser von Karlstein wurde unser Trommeln auf der Burg Karlstein bei Bad Reichenhall den Verlorenen (Armen) Seelen in der Bioregion Untersberg gewidmet, um sie auf den Weg ins Licht zu führen. Über diesen alten Brauch erzählte eine Bäuerin 1927 Folgendes: „Noch um 1850 wurde von St. Pangraz herab das Alphorn geblasen. Damals geschah es nur noch im Zweiklang. 20 Jahre zuvor waren es noch 6 Bläser gewesen und in der Zeit vor 1800 sind es immer 12 oder 13 Bläser gewesen. Für jeden Monat einer. Die Alphörner trugen ihre dahinhallenden Töne durch das Tal vor allem an 3 Abenden zur Dämmerzeit: Heilig Abend, zu Beginn der Nacht vor Philippi (also am 30. April) und am Johannisvorabend (also am 23. Juni). Auch bei anderen Gelegenheiten wurden Alphörner geblasen, z. B. bei Hochzeitsvorabenden; aber das geschah nicht vom Pangraz-Felsen herab. Geblasen wurde von St. Pangraz, um den Armen Seelen zu helfen, die in der Weitwiese, aber auch woanders als Irrlichter, Huckauf und anderswie umherirren und weder ins Fegefeuer noch in die Hölle, noch in den Himmel kommen können. Ihr wisst schon, wer das alles ist. Jeder Ton aus dem Alphorn war für jede der Armen Seelen wie ein Rosenkranzgebet. Als aber der Glaube nachließ, hörte man auch nach und nach auf, das Alphorn zu blasen.“ (Quelle: Fagerbäuerin 1927 aus *Sagen, Märchen und Geschichten um Karlstein im Landkreis Berchtesgadener Land*, gesammelt von Dr. Alfred Dieck)
Bis zum heutigen Tag habe ich in dieser Region keine schweren und mysteriösen Bergunfälle mehr feststellen können.
Die Anderswelt des Untersberges zu erleben, ist für jeden Bergsteiger ein individuelles Erlebnis – oft ergreifend, tiefgehend und nachhaltig wirksam, wie Maria G. in ihrem folgenden kleinen Bericht mitteilt und es als Geschenk empfindet:

Aus dem tiefen Nebel auf die Hohe Lack

An einem bewölkten Junitag beschlossen Georg und ich, auf die Hohe Lack zu gehen. Nebelschwaden zogen vom Tal hinauf über den Untersberg. Schon als wir losgingen, war eine besondere Stimmung. Ein herrlicher Geruch von den Blumen am Wegesrand begleitete uns. Das Wasser plätscherte munter seinen Weg hinunter ins Tal. Schritt für Schritt und mit Ehrfurcht im Herzen setzten wir einen Fuß vor den anderen. Dass am Untersberg die Zeit etwas anders geht, habe ich schon gehört – aber bis zu diesem Tag noch nie erlebt. Am oberen Drittel des Weges zur Toni-Lenz-Hütte war es auf einmal, als ob ich in einer anderen Welt wäre. Vollkommene Zufriedenheit und ein tiefes Glücksgefühl überkamen mich. Es überfiel mich ein Gefühl von Schwerelosigkeit und die Anwesenheit der Naturgeister war so spürbar, dass ich annahm, sie jeden

Kaiser Karl der Große. Hinweistafel neben der Bergstation der Untersbergseilbahn.

Moment sehen zu können. Eigentlich wollte ich dort bleiben in der Welt der Stille und Vollkommenheit. Wie lange ich in dieser Anderswelt war, kann ich nicht mehr sagen. Aber diese Minuten zu erleben, war eine wunderbare Erfahrung und ein ergreifendes Erlebnis. Es war ein Geschenk vom Untersberg. Das Gipfelkreuz war vom Nebel verhüllt und an den Watzmannblick gar nicht zu denken. Trotzdem war diese Tour hinauf ein wunderschönes Erlebnis und das nächste Mal ist alles wieder anders. Wer immer nur bei schönem Wetter auf die Berge geht, dem bleibt vieles verborgen. Egal, wie oft man empor steigt und wie oft man den gleichen Weg geht, man geht ihn immer neu.

Während meines Besuches im Untersberg war ich mir
meines Daseins ebenso gut bewusst,
wie zu irgend einer anderen Zeit meines Lebens,
und was ich da erfuhr, erfuhr ich selbst;
mag ein anderer dabei denken, was er will,
und es bezweifeln, so lange es ihm beliebt.

Franz Hartmann

Meine Begegnung mit den „Unterweltlern"

Im März 2010 hielt ich – wieder einmal – bei der BERGinale, dem bekannten Bergfilm- und Dia-Festival in Berchtesgaden, meinen Vortrag „Mythos Untersberg". Der Veranstalter machte es möglich, dass vor meinem Vortrag noch zwei Mitglieder der Baden-Württemberger Höhlenforschungsgruppe ARGE Bad Cannstatt über den aktuellen Forschungsstand beim Riesending am Untersberg referierten. Als früherer Amateurhöhlenforscher beobachtete ich diese Forschungen mit großem Interesse, schließlich hatte jene Gruppe das Riesending vermessen und 2008 zu Deutschlands tiefster und 2009 sogar zur längsten Höhle Deutschlands erkoren. Superlative an unserem heiligen Berg – und noch dazu in seiner mythischen Unterwelt, das weckte mein Interesse. Und auch eine seltsame Ahnung trieb mich zu diesem Vortrag.
Ein erster Kontakt mit einem Forscher der Gruppe war sachlich distanziert geblieben. Hier waren schließlich Geologen am Werk, die ein starkes naturwissenschaftliches Interesse an der Erkundung dieser Schachthöhle auf der Hochfläche des Untersberges besaßen. Von unermesslichen Reichtümern und Schätzen im Inneren des Berges hatten sie noch nichts gefunden – außer eben diesen gewaltigen Dimensionen der Riesending-Höhle.
Neugierig saß ich daher mit meiner Frau Martina vor meinem Vortrag im Saal, um den Fotos und Berichten der Geologen zu folgen. Perfekte holografische Modelle der Geologie des Untersberges wurden dem Besucher geboten und schließlich durfte man über eindrucksvolle Fotos in die Tiefe des Riesendings reisen. Der dabei betriebene höhlenklettertechnische Aufwand bei den jährlichen mehrtägigen Expeditionen ist enorm und von vielen Risiken und Gefahren geprägt. Ein kleiner losgetretener Stein oder ein Schlechtwetterausbruch während des Höhlenaufenthaltes kann schon zur Katastrophe führen. Doch bisher blieb ihnen das Glück hold, was sicherlich auch an ihren bedachten und sorgfältigen Vorbereitungen lag.

Die Buttnmandl im Loipl bei Vollmond vor den Rauen Köpfen (Ausläufer des Untersberges).

In 900 m Tiefe änderte sich die „Qualität“ der Fotos. Während für uns bis dahin die technischen Anforderungen oder der geologische Aufbau der Höhle im Mittelpunkt des Interesses gelegen waren, nahmen wir plötzlich eine andere Wirklichkeit wahr. Aus den Felsen starrten uns wahrhafte „Fratzen des Todes“ an – es war, als würde sich in dieser Tiefe eine Welt der Jenseitigen auftun. Das Unerlöste im Fels, die zu Stein erstarrten verlorenen Seelen, von denen der Untersbergpfarrer spricht. Uns war in diesem Moment klar, dass der Forscher seine Augen „anders konfiguriert“ hat – und gar nicht die Muße oder die Zeit hat, um seine Sinne wieder für die geistigen Dimensionen zu erweitern.
Bis zu einer Höhlentiefe von –1085 m sind die Forscher bisher vorgedrungen. Hagen Böhnisch wies mich darauf hin, dass man damit im Berginneren schon auf dem Niveau der Irlmaier-Madonna angekommen sei – da, wo auch Eugen Köberle von einem Untersbergler ins Berginnere geführt worden war und seine Botschaft erhalten hatte (siehe S. 147).
Aber noch eine unheimliche Analogie bemerkte ich: Die Höhlenforscher spekulieren derzeit damit, dass sie im Bereich der Fürstenbrunner Quellhöhle einen Talausgang des Riesendings finden könnten. Die Bewetterung der Höhle in den tiefsten Teilen und die durchaus Erfolg versprechenden, noch unerforschten Fortsetzungen lassen diese Spe-

kulation zu: Es gibt einen Einstieg von der Hochfläche des Untersberges und einen Ausstieg auf Talniveau!
Gab es da nicht eine bekannte Sage? Die bekannteste Sage des Untersberges?
Lazarus Gitschner. In der Nähe des „Hohen Throns" (der Einstieg in das Riesending liegt nahe dem Berchtesgadener Hochthron!) soll Lazarus durch den Berg in die Tiefe geführt worden sein und dann seien ihm die Ausgänge zu den zwölf Untersbergkirchen (= Kraftorte/Kultplätze) gezeigt worden. Auch Zeit soll Lazarus während seines Aufenthaltes verloren haben. Bisher verneinen die Forscher irgendwelche Zeitanomalien. (Warum habe ich dabei nur so ein seltsames Gefühl?)
Hat diese Analogie eine Bedeutung? Die Bad Cannstatter Höhlenforscher sind bei ihren Forschungen eine Woche mit hohem technischem Aufwand im Berg. Wie soll das einem einfachen Stadtschreibergehilfen möglich gewesen sein?
Oder transportiert dieser „Golem des Untersberges" nur das alte Wissen um zwölf Kraftorte?
Birgt die Sage das Wissen jenes alten Volkes, von dem Heide Göttner-Abendroth spricht, in sich, das sich vor Urzeiten in den Untersberg zurückgezogen hat, um auf spiritueller und manchmal auch noch sehr realer Ebene weiterzuwirken?
Meine Begegnung mit den Unterweltlern trägt eine doppelte Symbolik in sich:

- die Wahrnehmung einer anderen Berg(geist)qualität in großer Tiefe bzw. auf Talniveau
- die Begegnung mit Mitgliedern einer beeindruckenden Höhlenforschergruppe, die die Unterwelt des Berges wissenschaftlich erfassen und dem Berg – nicht nur durch die erzielten Rekorde – eine neue Bedeutung zukommen lassen.

Im Untersberg scheinen Begriffe wie „Unterwelt" und „Anderswelt" eben nahtlos ineinander überzugehen.

Im Asyl

DER BERG DES ALTEN VOLKS

Was am Untersberg geschieht, geschieht auch auf der Welt.

Untersbergpfarrer Herbert Josef Schmatzberger

Spiegelwelt

Vorhergehende Doppelseite: Untersberg-Südseite, Mittagsscharte.

Viele Sagen des Untersberges berichten von einer sehr lebendigen Innenwelt des Bergs. Dort soll man auf Verstorbene, Fürsten, Kaiser, Priester und einfache Bürgersleute treffen. Diese jenseitige Welt erscheint also als Spiegelwelt des Diesseits. Da werden Gottesdienste gefeiert, fleißige Holzknechte, Bauernknechte oder Hirtenknaben arbeiten am Berg und haben wundersame Erlebnisse.
Das Jenseits der Ahnen und ihrer Geister im Berg spiegelt die Welt draußen wider.
Allerdings werden Menschen des Diesseits aufgrund von Zeitverschiebungen zu Reisenden der Spiegelwelt, die irgendwann in einer späteren Zeit zurückkehren (vergleiche die Sagen vom entrückten Jäger 1738 oder von der verschwundenen Hochzeitsgesellschaft vor vielen hundert Jahren oder den Bericht von den drei verschwundenen Münchnern vom 15. August 1987).
Dem Berg selbst geht es nicht um das Ergründen seiner Phänomene, sondern um das Verstehen seiner Seelenwelt. Wenn Untersbergreisende stets wiederkehrende Erfahrungen mit seiner Innenwelt haben, so hält uns der Berg wahrhaftig einen Spiegel vor, in dem wir uns selbst erkennen und demütig vor der Kraft und Macht der Natur- und Elementarwesenheiten werden sollen.

Sonnenaufgang am Untersberg.

Allein das Wort „Berg“ enthält eigentlich schon,
worum es beim Untersberg,
dem sagenhaften „Wunderberg“ der Ostalpen, vor allem geht.
Berg kommt von (ver-)bergen, schützen
und ist eng verwandt mit gebären!

Georg Rohrecker

Ein Rückzugsort

Bei einem Vortrag im Jahre 2009 in Berchtesgaden skizzierte die Matriarchatsforscherin und Landschaftsmythologin Heide Göttner-Abendroth einen landschaftsmythologischen Ansatz zum Berchtesgadener Raum, der sich durchaus mit einigen Erkenntnissen meinerseits deckt oder ergänzt:
So bewachen ein Drache und eine Hexe den Eingang zum Reich der Percht. Der Untersberg ist der Drache, dessen Form sich bereits dem aus Norden anreisenden Besucher zeigt. Viele spirituelle Menschen bezeichnen ihn auch als den „Schlafenden Drachen“. Das Lattengebirge beherbergt die „Schlafende Hexe“, in der sich die Percht als Bergmutter verkörpert. Das markante Profil jener Berghexe zeigt sich sowohl

Untersberg (Schlafender Drache links), Lattengebirge (Schlafende Hexe rechts).

Berchtesgaden mit Watzmann. Ansichtskarte, Photochromdruck, um 1900.

aus dem Bad Reichenhaller Raum als auch aus dem Berchtesgadener Gebiet und ist auf vielen Postkarten des Berchtesgadener Landes zu sehen. Berchtesgaden – der Garten der Percht, wobei „Gaden" richtig übersetzt „das Reich" heißt.

Der heilige Berg der Frühgeschichte ist nun für Göttner-Abendroth nicht der Untersberg, sondern der Watzmann, wobei dessen Name ihrer Meinung nach sicher nichts mit seiner Urbedeutung und seinem Urnamen zu tun hat. Ihr fehlen noch ein paar *missing links,* um ihre Annahme eines Heiligen Bergs zu unterstreichen.

Da wären dann meiner Meinung nach:

- der Falkenstein am Königssee. Falkensteine sind Heilige Berge, wie sich schon etymologisch nachweisen lässt und wie dies am Wolfgangsee-Falkenstein seinen deutlichsten Beleg findet.
- eine sehr alte Bergwallfahrt, die zu Füßen des Watzmanns endet (die Almer Wallfahrt)
- die Kirche (1580 m): ein Berggipfel am Ende des Wimbachgries gegenüber vom Zirbeneck und zu Füßen des Watzmanns gelegen – interessanterweise finden wir das Bergmotiv Zirbeneck und Kirche an einem weiteren Gebirgsstock im Berchtesgadener Land, nämlich auf der Reiteralm; die dortige Kirche (Höhle und Gebiet) ist ein bekannter Kultplatz, über den Ursprung der Bergkirche beim Watzmann fand ich allerdings noch keine Hinweise.
- der Burgstallkopf oberhalb des Fieberbründls bei der Johanneskapelle bei Bartholomä
- die zahlreichen Petroglyphen im Gebiet Königssee
- die Wildfrauensagen rund um den Watzmann.

Zur Bedeutung des Lattengebirges als Verkörperung der Bergmutter oder Percht gewinnen jetzt natürlich das *Teufelsloch*, die darunter liegende *Teufelsschlucht* und die auf alten Karten noch eingezeichneten *Teufelshörner* nochmals an Aussagekraft. Auch in dem die Schlafende Hexe abschließenden Dreisesselberg finden wir Hinweise auf den Sitz der Drei Bethen, als Priesterinnen der Percht.
Betrachtet man die „Anatomie" der *Schlafenden Hexe*, die dem *Schlafenden Drachen* gegenüberliegt – diesen Zusammenhang hat Göttner-Abendroth (noch) nicht gesehen (selbst im Untersberg schlafen die Menschen wie *Kaiser Karl* und sein Gefolge, die Ahnen, die *Untersbergler*) – , so finden wir in ihrem Schoß das „teuflische Loch". Es ist dies ein beeindruckender Ausdruck für „Fruchtbarkeit", die durch die Verbindung von Himmel (Sonne) und Erde (Sonnenauge im Lattengebirge mit den Sonnenkultplätzen am Hohenfrieder Grabhügel und auf der Hochburghöhe im Tal) zur Wintersonnenwende mit dem Sonnendurchgang einen symbolischen Höhepunkt findet.
Die dahinter liegende *Steinerne Agnes* ist – nach Göttner-Abendroth – nur eine andere Erscheinung der *Bergmutter* und wurde durch die Teufelssage entsprechend christlich dämonisiert.
Der *Drachenberg* selbst ist einerseits ein Berg der Ahnen (siehe Georg Rohrecker und entsprechende Sagen), andererseits ein Berg des *alten Volks*, also der Hüter alten Wissens, wie es Göttner-Abendroth beschreibt. Das „alte Volk" sind die heidnischen Anhänger Frau Holles aus matriarchalen Zeiten, die diesen Berg mit seiner Unterwelt zum Rückzugsort erkoren: u. a. Riesen, Zwerge, Wildfrauen, Moosweiblein, Elfen, so wie wir es auch in der Sagenwelt der Dolomiten finden.
Die zwölf Kirchen des Untersberges interpretiert Heide Göttner-Abendroth als alte Kultplätze. Jungsteinzeitliche Funde machen diese Bedeutung schon für die menschliche Frühgeschichte bewusst.
Nicht konform gehe ich mit ihrer Meinung zur Erscheinungsform von Hexe und Drache: die Hexe als dunkles Wesen und Unterweltsgöttin, der Drache als lichtes, helles Wesen.
Ich sehe es genau andersrum, da der Drachenberg sich durch seine riesigen Höhlen als dunkler Teil ausweist, aus dem zudem der Schwarzbach entspringt. Das Lattengebirge, die Schlafende Hexe mit ihrem leuchtenden Loch und dem unterhalb entspringenden Weißbach, erscheint dagegen als licht und hell, zumal die Percht ja auch „die Helle/Glänzende" bedeutet.
Die Rückkehr der Drachen als eine besondere Erdenergie – Erdenergielinien werden, insbesondere in China, auch „Drachenlinien" genannt – gehört wohl auch zu meinem Steinkreisbau (alpines Medizinrad, siehe auch S. 114 ff.) vom 15. August 2006. Kurz darauf erfuhr ich von zwei Norddeutschen, Viola und Martin, die versuchten, sich an diesem Tag uns anzuschließen. Sie fanden zwar den Weg zur Mittagsscharte, stiegen von dort aber in entgegengesetzter Richtung über den Thomas-Eder-Steig ab

und gelangten so „zufälligerweise" vor eine weitere für den Berg bedeutungsvolle Höhle: die Schellenberger Eishöhle mit ihrem Dohlenfriedhof (siehe S. 32). In der Nähe des Höhleneingangs bauten die beiden einen Steinkreis, den sie mit Kristallen energetisierten. Sie wussten zu diesem Zeitpunkt noch nicht, dass wir – quasi ein Stockwerk höher – in der Höhle Steinerner Kaser ebenfalls zur selben Zeit einen Steinkreis installierten. Der Berg hatte uns sein Innerstes für die Kontaktaufnahme empfohlen. Eine dieser häufigen Resonanzen oder Analogien, wenn man/frau spirituell am Berg arbeitet.
Viola berichtete mir darüber hinaus von einer seltsamen und auch erschütternden Begebenheit: Ihr damaliger Bergbegleiter und Steinkreisbauer Martin starb plötzlich kurze Zeit später ohne erkennbare Todesursache. Vor seinem Tod hatte er Viola noch etwas mitgeteilt:
(Auszug aus einer E-Mail von Viola an mich vom Januar 2010)
Martin sagte, es sei der Siebte Drache, den Du mit Deinem Medizinradbau erweckt hast. Wir beide hätten mit unseren Medizinrädern noch seinen Schwanz aktiviert. Dass der Drache bei Dir bleibt und dass Du Dich um ihn kümmern sollst. Er hätte wohl zum Meer gewollt. Doch die katholische Kirche hätte ihn auf dem Untersberg gefangen. Er sei zu dem Zeitpunkt seines Erweckens noch sehr schwach gewesen.
Der Achte rote Drachen mit der weiblichen Energie des Universums sei zu mir gekommen. Ich habe ihm gesagt, wenn ein Drache zu mir kommen würde, wäre es immer der Neunte und nicht der Achte. Darauf meinte er, er könne sich auch durchaus verzählt haben, da auf einmal so viele Drachen da waren.
Du hast damals zu mir gesagt, dass auf dem Untersberg ein Drachenloch war. Zwei kleine Drachen sind wohl laut Martin zu Siggi, einem gemeinsamen Freund von uns beiden. Siggi hat dafür gesorgt, dass ich Martin kennenlerne. Er sagte, es sei ein Muss. Wie gesagt, ich habe Martin **drei Monate** *gekannt, wir waren* **drei Tage** *auf Steinkreisreise (einschließlich Untersberg),* **drei Wochen** *später war er tot und es gibt keine Todesursache. Es ist mir lange schwer gefallen an die Drachen zu glauben. Warum sollte der Drache mit der weiblichen Energie ausgerechnet zu mir?*
Mittlerweile weiß ich, dass es so ist. Ich habe ihn nicht nur gesehen, sondern auch ein Bild von ihm gemalt. Die Schnauze ist mir etwas zu lang geworden. Aber selbst Matthias, der ihn auch gesehen hat, sagt, er sieht so aus.
Nach der letzten Steinkreisreise im Juli in Dänemark wurde mir dann von verschiedenen Freunden gesagt, dass es ihnen gezeigt worden ist, wie wichtig die Steinkreise in Formation der Blume des Lebens für die Erde sind, und dass ich damit dazu beigetragen habe, dass die weibliche Energie auf die Erde zurückkehren kann. Daraufhin habe ich erst einmal 2 Stunden geweint, aus Dankbarkeit, Werkzeug sein zu dürfen.*

* Die Blume des Lebens – auch Venusblume genannt – wurde im März 2010 von Werner Neuner am Untersberg in der Grasslhöhle installiert (siehe dazu auch S. 122).

Sie sind auf der Straße auf mich zugegangen,
haben die Hände mir entgegengestreckt, flehend, bittend,
als wollten sie um etwas bitten oder betteln.

Elisabeth Zehnter bei ihrer Begegnung mit Untersberglern

Begegnung mit den Untersberglern

Ob nun Spiegelwelt, Ahnenort oder Rückzugsort eines alten Volkes – manche Erlebnisse von Zeitgenossen sind nur schwer zuzuordnen, wie zum Beispiel der Bericht von Elisabeth Zehnter aus Feldkirchen in der Gemeinde Ainring: Sie schildert mir ihr Erlebnis mit den Untersberglern:

So geschehen in einer Sommernacht 2005, als meine Tochter zu einer Fete auf einen einsam gelegenen Högl-Hof (den „Johannishögl" im Berchtesgadener Land, nördlich gegenüber dem Untersberg – der Verfasser) eingeladen war.

Morgens, kurz nach 3:30 Uhr hat sie mich angerufen, ob ich sie nicht mit dem Auto abholen könnte. Kurz vor 4:00 Uhr Früh, schnell frisch gemacht und mit dem Auto durch das dunkle Dorf gefahren (in Feldkirchen werden um 1:00 Uhr die Straßenlaternen ausgeschaltet).

Auf der Einfahrt zur B 20 (Feldkirchen Süd) kommt mir auf der Straße eine Gruppe von ca. 10 Kindern im Alter zwischen 10 und 14 Jahren entgegen. Die Kinder sind sehr altmodisch gekleidet, weite Hosen über die Knie, weite Hemden, einer mit Hosenträger über der Brust, geflickt, eindeutig arm, abgerissen, barfuß.

Sie haben keine Farbe, nur eine Mischung aus Brauntönen, seltsam durchscheinend, aber nicht schwebend. Sie sind auf der Straße auf mich zugegangen, haben die Hände mir entgegengestreckt, flehend, bittend, als wollten sie um etwas bitten oder betteln.

Ich habe sie gefragt, was sie wollten. Sie haben wohl mit mir gesprochen, aber ich habe keinen Ton gehört, sie nur weiter gesehen.

Obwohl mir sofort klar war, dass diese Kinder nicht aus der heutigen Welt und Zeit stammen, „Geister" sind, habe ich mit dem Auto gebremst, bin stehen geblieben, um sie nicht umzufahren. Noch heute kann ich mich deutlich an die Gesichtszüge erinnern, besonders von zwei Jungen, die weiter auf mich zugekommen sind, obwohl ein Teil der Gruppe über die Wiese Richtung Süden – Berge – weitergegangen ist. Letztendlich bin ich vorsichtig um die Kinder herumgefahren, die ich weiter ganz klar und deutlich gesehen habe.

Die Realität dieser Kindergruppe erstaunt mich, ich war ja nicht in einer Meditation oder geistigen Reise, sondern hellwach mit etwas so banal Technischem beschäftigt wie Autofahren.

Natürlich bin ich erschrocken. Ich war beunruhigt, weil es diesen Kindern ja offensichtlich nicht gut gegangen ist. Sie wirkten arm, abgerissen, bittend und waren ohne Begleitung von Erwachsenen. Ich wünschte, ich hätte ihnen helfen können – irgendwie.

Trotzdem bin ich total ruhig geblieben, bin weitergefahren über dunkle, einsame Höglstraßen, um meine Tochter abzuholen. Es war und ist schon richtig und in Ordnung, sie getroffen zu haben.

Inzwischen habe ich erfahren, dass diese Kinder „Untersbergler" gewesen sein können, die auf gleiche oder ähnliche Weise schon verschiedenen Menschen begegnet sind, so Pfarrer Schmatzberger aus Großgmain am Untersberg, dem mein Mann David mein Erlebnis erzählt hatte.

Sind jene Untersberger Kinder Gestalten bzw. Emanationen der Ahnenwelt? Sind sie ein Teil jener Parallelwelt, die zu bestimmten Tages- oder Jahreszeiten sich offenbart, oder ist es das „alte Volk", das sich hie und da zu erkennen gibt? Gerade bei der Geschichte von Elisabeth Zehnter fällt mir die Nähe zur Kirche von Feldkichen auf, die zu den 12 (14) Untersbergkirchen gehört. Also auch zu jenen Kirchen, in denen laut Sage die Untersbergmandl ihre Geistermetten abhalten.

In einer anderen Sage („Die Riesen und die Wildfrauen im Untersberg"), abgedruckt in dem Band *Die schönsten Märchen aus Österreich,* heißt es:

„Leute aus dem Dorfe Feldkirchen unweit der Stadt Salzburg erzählten für wahrhaft: Als wir noch jungen Buben waren, haben wir mit eigenen Augen gesehen, dass einige alte Riesen aus dem Untersberg herausgingen …"

Linkes Bild: Brunnen im Bad Reichenhaller Ortsteil Marzoll mit einem Untersbergmandl.

Rechtes Bild: Maria Ettenberg beim Mesnerwirt: Untersbergmandl.

Bemerkenswert ist auch die Nähe dieses Erlebnisses zur Feldkirchner Untersberglinie:
Auf der Feldkirchner Leyline finden wir das sagenhafte Karlsohr – eine Untersberghöhle und Orakelstätte (siehe S. 127), den Goiser Hügel mit seinem geheimnisvollen Erdstall (eine Erdstallhypothese bezieht sich auf zwergenwüchsige Menschen als Erbauer), den Walser Birnbaum (sein Erblühen wird mit der „Endzeit" in Verbindung gebracht) und das Walser Feld (auf dem jene Endzeitschlacht mit einem Untersbergler – Kaiser Karl – und seinem im Berg mit ihm schlafenden Heer geschlagen wird). Begegnungen mit Untersberglern hinterlassen noch heute einen nachhaltigen Eindruck auf Menschen, die ihnen nahestehen, wie die folgende Geschichte zeigt, die ich im Januar 2011 von G. H. aus Salzburg-Maxglan erfuhr:
„Ende September 1979 ging ich mit einem Freund/Kumpel gegen 17 Uhr entlang der Glan unter der Autobahnbrücke Richtung Esterer (ein Gasthaus, der Verfasser) nach dem Abendessen einige Schritte. Wenige Meter nach der Unterführung, bei der Wegkreuzung Richtung Laschenzky (ein Gasthaus, der Verfasser), kam mir auf einmal ein Reiter auf einem Pferd sitzend entgegen. Er redete mich mit ‚da Hoizinga' an, das Gesicht war unter seiner Kapuze verdeckt, und durch die fast Finsternis nicht erkennbar. Er meinte, dass ich hier Aaron heiße und dass ich Acht geben sollte, keinen übers Ohr zu hauen, dann würden wir uns im Berg nach meinem Ableben wieder finden.

Untersbergmandl im Salzburger Mirabellgarten.

Oft kommt mir die Situation unter. Eigenartigerweise hatte ich 2004 oder 2005 eine Kundin im Parteienverkehr, der es mit den Füßen nicht so recht gut ging. Sie, vielleicht etwas langsamer im Begreifen, brauchte oft halt länger, so dass ich sie letztlich einmal etwas resch und barsch ansprach. Selber vielleicht etwas genervt, reagierte ich damals sicherlich falsch mit ihr. Faktum aber ist, dass ich von 2005 bis 2010 etwas schlechtere Jahre hatte. Manches gelang nicht, gesundheitlich war's auch ein auf und ab. Nun, Gott sei Dank geht's wieder aufwärts und es scheint sich alles wieder positiv einzurenken.
Wenn ich mir es so überlege, könnt' es eine Unterbergerin g'wesen sein, die mich testen wollte, wo ich aber letztlich versagte, und mir 5 ‚Lernjahre' gab. Im Nachhinein betrachtet war mein Verhalten ihr gegenüber sicher nicht in Ordnung, aber ich denke, wenn ich sie nochmals sehen würde, wär' ihr eine Entschuldigung sicher.
Nicht, dass ich nicht klar im Kopf wär' mit meinen fast 53 Jahren. Aber, ich glaub an die Untersberger, die eigentlich ein freundliches und helfendes Volk sein sollen."

Steinerner Kaser: Tagschlot und Eingang.

Höhlen gelten als Schwellen zum Reich der Schatten.
An diesen Orten wohnen Erdmännchen,
die Zwerge und Kobolde.
Sie bewachen die Eingänge zur Unterwelt, die dem
gewöhnlichen Menschen in der Regel verschlossen bleiben.

Kurt Lussi (Schweizer Volkskundler)

Die Zwerge

Wer sind die Zwerge des Untersberges, die als Untersberger Mandl in den Sagen und im Volksmund Berühmtheit erlangt haben? Als Zwerge werden in der Mythologie unterirdisch lebende, kleinwüchsige Wesen bezeichnet, die oft übernatürliche, übermenschliche Kräfte besitzen. Ihnen wird eine besondere Intelligenz nachgesagt und das Beherrschen okkulter Fähigkeiten. Die Überzeichnungen von Wesen als kleinwüchsig/zwergenhaft oder riesenhaft sind aber – nach Göttner-Abendroth – Hinweise auf ihre besonderen Kräfte und Mächte.
Der „Berg der Unteren" – eine weitere Interpretation des Namens Untersberg – scheint ein ganzes Volk kleinwüchsiger Menschen zu beherbergen: die in den Berg Entrückten, Zurückgezogenen – das alte Volk? Haben sie zu heidnischen Zeiten den Berg „ausgehöhlt", wie es in einer Sage zu lesen ist?
Wohl kaum, aber zumindest in Besitz genommen – oder war damit ihre Bedeutung und Leistung als Bergbaukundige gemeint?
Bei der Betrachtung der Bergmandl/Knappen der Frühzeit und der traditionellen, funktionalen Kapuzenmäntel drängt sich unweigerlich das Mandl oder der Zwerg im Wald und auf den Bergen auf, wo sich ja tatsächlich die Bergbaugebiete überwiegend befanden.
Berücksichtigt man dazu, dass kleingewachsene Leute in den niedrigen Bergbauschächten viel leichter zurechtkamen, so werden die überlieferten Zwerge der Märchen und Sagen, wie etwa die Untersberg-Mandl, nachvollziehbar ins Leben gerufen. (Quelle: Toni Altkofer, *Die Berchtesgadener Herkunft – Das Norische Erbe*, Bischofswiesen 2010)

Vieles deutet auf eine tatsächliche Präsenz jener Wesenheiten hin, doch stellen sich für mich einige Fragen: Aus welcher Wirklichkeit und aus welcher Zeit stammen sie? Verkörpern sie die im Berg weilenden Seelen der Verstorbenen? Immer wieder wird in Sagen berichtet, dass Beobachter der Zwergenzüge, die sich meist auf dem Weg zu ihren „Geistermetten" befinden, unter den Zwergen ihnen bekannte, aber bereits verstorbene Personen erkannten. Dann werden sie als bergbaukundig beschrieben und als Hüter der Schätze. Oft werden neben ihren

positiven Eigenschaften auch negative – neckend, boshaft, falsch, diebisch" – dargestellt, also eine lichte und eine dunkle Seite, wie wir sie auch von der Schön- und der Schiachpercht im heimischen Brauchtum kennen.
Eine gute Darstellung dieser Wesen findet sich in den *Volkssagen, Mährchen und Legenden des Kaiserstaates Österreich* von Ludwig Bechstein 1840, S. 115:
Die Zwerge gelten für die Urbewohner der Erde und es nennt sie das Volk uralt, bergalt und aus Steinen geschaffen. Klein und winzig von Gestalt erreicht ihr Wachstum kaum die Größe eines vierjährigen Kindes. Die Zwerge haben zwar eine menschenähnliche Gestalt, sind aber häßlich, ihre Gesichtsfarbe ist aschgrau oder schwarz, den im Verhältnis zum übrigen Körper übermäßig großen Kopf deckt ein breitkrempiger Hut oder die Tarnkappe, den übrigen Körper eine grobe Kleidung von grauer, oft schwarzer oder brauner Farbe. Sie leben in Klüften und Höhlen des Gebirges, hüten entweder ihre unermesslichen Schätze oder beschäftigen sich mit Vermehrung derselben durch Bergbau. Die Zwerge werden bald als ein gutmütiges, hilfreiches und wohltätiges Völklein, voll Klugheit und Verstand, bald als neckend, boshaft, falsch und diebisch geschildert. Musik und Tanz lieben sie sehr und nähern sich daher bei Hochzeiten oder Erntedankfesten nicht selten den Menschen. Zuweilen verdingen sie sich an dieselben auch glücksbringend als Arbeiter. Ihnen geleistete Dienste vergelten sie reichlich. Im allgemeinen halten sie sich aber vom Menschengeschlechte entfernt und scheuen vor demselben zurück, so sie sich als die Urbewohner der Erde und die Menschen als Eindringlinge betrachten. Aus dem Untersberg aber brechen sie zu Zeiten in großen Scharen und wohlgerüstet hervor (stets das Zeichen eines bevorstehenden Krieges), oder sie halten im Dome zu Salzburg, manchmal auch in den Kirchen der Nachbarschaft nächtlichen Gottesdienst.

Beispielhaft für die positiven Eigenschaften des Zwergenvolkes erzählte mir die Salzburgerin Ernestine Brandlehner ihre Geschichte:

„Ich arbeitete seit 2002 im Rehab Großgmain (ein Rehazentrum für Herz-/Kreislauf- und neurologische Erkrankungen direkt am Fuß des Untersberges in Großgmain/Salzburger Land – der Verfasser) als Diplomkrankenschwester abwechselnd auf den Stationen Neurologie bzw. Kardiologie.
Ich hatte besonders während der Nachtdienste immer ein Gefühl der Geborgenheit und des Aufgehobenseins. Es war oft sehr viel Arbeit, besonders im Kontrollraum, da hier besonders während der Nacht das gesamte Haus zusammengeschlossen ist. Ich war eine der wenigen Schwestern, die überwiegend und sehr gerne im Kontrollraum Dienst machten.
Ich fühlte mich besonders hier irgendwie geborgen bzw. beschützt. Wenn es Patienten sehr schlecht ging oder es kamen vom Stockwerk Patienten mit Beschwerden – auch wenn es oft lebensbedrohliche

Martin Kurz: „Stillstand der Zeit“, Untersberg/Klingeralm 30. 12. 08 (Zeit der Raunächte).

Zustände waren –, ich hatte immer das Gefühl, es kann nichts passieren. Es kamen mir die Untersbergzwerglein zu Hilfe und die Arbeit lief in Ruhe und gelassen ab. Ich konnte mich auch in meinen Campingsessel legen und lesen bzw. entspannen, wobei auch immer wieder die Augen zufielen und ich schlief. Ich wusste, ich übersehe nichts, da ja meine Zwerglein auf mich aufpassen. Und es war auch so! Am Monitor sah ich immer gerade dann hin, wenn es wichtig war. Auch die Glocke oder einen Alarm überhörte ich nie.
Meine Lebensqualität im Nachtdienst war enorm gegenüber der meiner Kollegen. Eines Nachts, es war schon 5:30 Uhr, da sah ich 5–6 oder sogar 7 Zwerglein um meinen Sessel tanzen, wie Ringel-Reihen, es war ein wunderbares Erlebnis. Die Kleider dieser Zwerglein waren in Pastellfarben gehalten, so wie in ganz alten Märchenbüchern. Die Zwerglein hatten unterschiedliche Gegenstände in den Händen, einer einen Stock, der andere eine Laterne, wieder ein anderer Blumen und sie hielten sich bei der Hand und tanzten um meinen Stuhl. Ich war so im Halbschlaf und als ich die Augen öffnete, waren sie weg. Es war das schönste Erlebnis während meiner ganzen Dienstzeit im Rehab.
Seither weiß ich auch ganz genau, dass ich von den Zwerglein immer wieder begleitet werde, streue auch öfters Maismehl oder Tabak als Dank. Zum Abschied habe ich von meinen Kollegen einen Zwerg geschenkt bekommen, in zarten Pastellfarben bemalt. Das ist ein Wunder, denn die konnten nicht wissen, wie die Zwerglein aussehen.“

Von der hohen Zeit

DIE ANDERE ZEIT AM UNTERSBERG

Und ist geschechen an den letzten unser Frauen Tag
in dem Hörbst;
und bin also alleinig hinauf gegangen auf dem Untersperg
und habe diese Schrift abgeschrieben in den Loch oder Kapellen.

Auszug aus der „Reichenhaller Handschrift" von Lazarus Gitschner

Lazarus Gitschner – ein Weltenwanderer?

Vorhergehende Doppelseite: Die Aura des Untersberges zur Sommersonnenwende 2010, erfahren auf dem Weg zu einem Ritual oberhalb der Frauenwände.

Die Sage von „Lazarus Gitschner und die Prophezeiungen des Mönchs vom Untersberg" ist einer der populärsten Mythen des Untersberges, den ich bereits in der bekanntesten Version in *Die Zauberkraft der Berge* (S. 38 ff.) präsentiert habe. Er existiert, wie Johannes Lang in seiner *Geschichte von Bad Reichenhall* ausgeführt hat, in ca. 18 verschiedenen Variationen, deren Inhalte sich aber nur wenig voneinander unterscheiden. Es werden konkrete Jahreszahlen genannt oder sind verifizierbar (1523, 1529, 1558, 1623), zu denen Lazarus Gitschner als Stadtschreibergehilfe von Bad Reichenhall ein besonderes Erlebnis gehabt haben soll.

Selten findet man in Sagen so genaue Jahresangaben, auffallend ist auch, dass die Protagonisten konkrete Namen tragen.

In seiner *Geschichte von Bad Reichenhall* widmet Stadtheimatpfleger Johannes Lang wie erwähnt dieser Sage viel Raum. In seiner Überprüfung des in den Sagen am häufigsten geschriebenen Nachnamens von Lazarus, nämlich Gitschner, findet er in den Steuerbüchern jener Zeit keinen Beleg für seine Existenz. Sollte diese Sage – wie von ihm postuliert – aus kirchenpolitischen Gründen von einem Kleriker verfasst worden sein?

In einer anderen Schreibweise des Nachnamens taucht der Name Aigner auf, der noch heute im Reichenhaller Raum einen hohen Verbreitungsgrad besitzt.

Viele Sagen sind tatsächlich erst im Mittelalter entstanden oder wurden zumindest in dieser Zeit aufgegriffen und der Zeit „angepasst" – so wie es zu allen Zeiten geschah. Allerdings besitzen viele Elemente der Untersbergsagen Spuren einer frühgeschichtlichen Periode, wie das Perchtelement, in dessen Zusammenhang die vielen Wildfrauensagen zu sehen sind, wie Keltologe Georg Rohrecker oder Matriarchatsforscherin Göttner-Abendroth sie immer wieder aufgreifen und beschreiben. Dazu mag auch die Lazarussage zählen.

Die interessanteste Frage stellt sich jedoch nach der Realität jener Sagenfigur. Selbst wenn sie geschichtlich nicht eindeutig nachweisbar ist, so bekommt sie energetisch einen hohen Stellenwert. Wird eine erfundene Person, die zum Träger einer spirituellen Botschaft erschaffen wurde, lebendig durch ihre enorme Beachtung, die sie bei den Lesern oder Überlieferern gefunden hat? Wirken hier sogenannte „morphogenetische Felder“, um einen Begriff des britischen Biologen Rupert Sheldrake aufzugreifen, der damit ein hypothetisches Feld bezeichnete, das als „formbildende Verursachung“ für die Entwicklung von Strukturen sowohl in der Biologie, Physik, Chemie, aber auch in der Gesellschaft verantwortlich sein soll? Der ebenfalls aus dem Mittelalter stammende Begriff „Golem“ scheint hier zutreffend: eine künstliche geschaffene, menschenähnliche Gestalt, die besondere Kräfte besitzt. Lazarus hat die Spiegelwelt (siehe S. 48) des Untersberges bereisen dürfen, hat die Jenseitigen gesehen und hat okkultes Wissen um Zahlenmystik und die 12 Kirchen (Kraftorte/Kultplätze) rund um den Berg vermittelt bekommen.

Der Mönch zeigt Lazarus eine der 12 Kirchen. Illustration von Franz Renner in „Alte Sagen aus dem Salzburger Land“ (Wien 1948).

Wenn wir heute mit Methoden der Geomantie und Landschaftsmythologie oder der integrativen Heimatforschung solche Sagen untersuchen, beginnen wir Verständnis für andere Wirklichkeiten zu entwickeln, nähern wir uns den spirituellen Wurzeln unserer Heimat, die einst nur dem Klerus und teilweise auch heute noch den dogmatischen Naturwissenschaftlern in ihrer Auslegung vorbehalten waren und sind.

Lazarus ist für mich in all den Jahren zum Symbol für das Verstehen und Erkennen einer beseelten Umwelt geworden. Ob er nun real war oder nicht – er bzw. die Sage fordert vom Leser, vom Zuhörer und vom interessierten Mythologen Aufmerksamkeit. Man spürt, dass hier Geheimnisse beschrieben werden, die den Menschen schon immer faszinierten – die Geheimnisse des Lebens nach dem Tod, der jenseitigen Welt und einer unbekannten Naturkraft.

Wenn du dein Schicksal selbst in die Hand nimmst
Und dich auf das Potenzial konzentrierst,
das in dir verborgen ist,
wirst du den Weg eines neuen Verstehens beschreiten.

Ein Leitgedanke von Ingomar von Lex

Ingomar von Lex – ein Kind des Untersberges

Vor einigen Jahren entdeckte ich im Buch *Geheimnisvolles Österreich* (Seite 177 ff.) von Reinhard Habeck eine wundersame und schier unglaubliche Geschichte über einen Jungen namens *Ingomar von Lex*, der in Grödig im Salzburger Land am Untersberg aufgewachsen ist und der im Kindergartenalter im Jahre 1956 für fünf Stunden an der Südostseite des *Untersberges* spurlos verschwunden war. Als er wieder auftauchte, erzählte er seinen Eltern, dass er von einem „Zwerg“ in eine Höhle des Untersberges geführt worden sei – bis zu einem See im Berginneren, wo sich viele weitere „durchsichtige“ Zwerge aufhielten. Diese erklärten ihm, dass er sich nicht fürchten brauchte und sie ihn beschützen würden. *Ingomar* meinte zudem, nur kurz fort gewesen zu sein.

Vier Aspekte dieser Begebenheit sind besonders beachtenswert:
- die Beschreibung eines **Zwergenvolkes im Berginneren**
- der **Zeitverlust durch Betreten einer Untersberghöhle**
- das **„Beschütztsein“ im Berg**
- die Örtlichkeit im **Raum Grödig** (*Untersberg*-Ostseite)

Eine ähnliches Erlebnis soll dem Berchtesgadener Zahnarzt Dr. Köberle am 18. August 1976 in der Nähe von Maria Ettenberg, am Südausläufer des Untersberges widerfahren sein. (S. 147)

Berge entstehen an bzw. auf Bruchzonen der Erdkruste. An Bruchzonen sind die Welten durchlässig und das Empfinden für Raum und Zeit ist aufgehoben.
Höhlen in einem Berg entstehen innerhalb dieser Bruchzone und erzeugen ein Loch in den durchlässigen Welten und im aufgehobenen Raum-Zeit-Gefüge. Viele Höhlen in einem Berg führen zu Raum-Zeit-Anomalien an diesem Berg und in seinen Höhlen und zu einem extrem starken Kraftort.

Schamanin Mondina

Die verschwundene Hochzeitsgesellschaft

In der Sage von der verschwundenen Hochzeitsgesellschaft heißt es: *Einst zog ein reiches Bauernpaar mit einem kleinen Gefolge aus einem Dorfe (St. Leonhard) in ein anderes naheliegendes (Grödig), um dort bei den Eltern der Braut das Hochzeitsfest zu feiern. Lustig und fröhlich in Begleitung einiger Musiker, zogen sie die Strasse entlang und kamen zum Untersberg. Hier angelangt, fing einer aus der Gesellschaft an zu erzählen, dass in dieser Gegend ein Kaiser mit einem bedeutenden Heere verschwunden sei und dass seit jener Zeit hier Geister erscheinen, welche die in dieser Gegend Wandernden beschenken. Sogleich fing der Bräutigam an, den Geist zu rufen und zu bitten, er möge sie mit etwas beschenken. Auf einmal öffnete sich der Berg und ein graugekleideter, kleiner Mann mit silberweissem Haar erschien, der ihnen eine Türe ins Innere zeigte. Die ganze Gesellschaft folgte ihm nach, und sie kamen in eine Reihe schöner Zimmer, wo in einem eine Tafel gedeckt war und Speisen und Getränke aufgetragen waren. Die ermüdeten Brautleute und die anderen setzten sich zu Tische und liessen nicht viel übrig. Nach dem Mahle aber bedurften alle des Schlafes, weil sie etwas viel getrunken hatten. Beim Tische sitzend, schlummerte alles ruhig. Als sie erwachten, führte sie der Berggeist hinaus. Bei Tage kamen sie an die Erdoberfläche, allein sonderbar, alles hatte sich während der Zeit ganz verändert. Die in dieser Gegend Wohnenden verstanden ihre Sprache nicht, überhaupt schien es ihnen, als seien sie in einem ganz fremden Lande. Nach mehreren Tagen kamen sie in ein Dorf. Sie fragten, wie es heiße, und erhielten den ihnen bekannten und erwünschten Namen zur Antwort. Aber auch hier schienen sie nicht zu Hause zu sein. Sie suchten ihre Wohnhäuser und fanden sie nicht. An ihrer Stelle standen ganz anders gebaute Häuser. Sie begaben sich zum Pfarrer und erzählten ihm alles, was geschehen war. Dieser schlug seine Bücher auf und fand wirklich, dass vor 500 Jahren ein junges Brautpaar nebst einigen anderen Menschen verlorengegangen sei.* (Quelle: Vernaleken, Alpensagen 1858, S. 149 f.)

 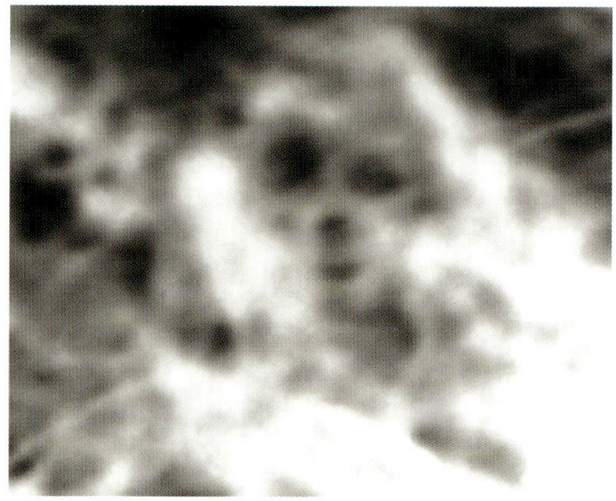

Linkes Bild: Ingomar von Lex: Naturwesen am Untersberg: „Die Elfe".

Rechtes Bild: Ingomar von Lex: Naturwesen am Untersberg: „Die Elfe" als Ausschnitt.

Diese Hochzeitsgesellschaft soll der Sage nach 100 Jahre im Berg geblieben sein, nach der oben präsentierten Version sogar 500 Jahre. Wiederum war es ein kleiner Mann (ein Zwerg?), der sie in den Berg führte.

Das Anwesen der Familie von Lex lag bei der Grödiger Gemeinde St. Leonhard! Der reale Ingomar und die mythologische Hochzeitsgesellschaft erfuhren einen Zeitverlust.

Den Begriff, von einer „höheren" Macht beschützt gewesen zu sein, verwendete im Jahre 2008 die junge Amerikanerin in einem ORF-Interview, deren Rettung vom Berg nach 72 Stunden in den Medien als das „Wunder vom Untersberg" bezeichnet wurde.

Dieses „Beschütztsein vom Berggeist" beschrieb mir Dzintra Pededze, eine Frau aus Lettland, die 2007 kurz vor dem Stöhrhaus in ein Gewitter geraten war, mit folgenden Worten: „Vielleicht haben Berggeister auf so eine Weise sogar mein Leben gerettet?"

Ich begab mich 2007 auf die Suche nach Ingomar von Lex – und fand ihn im Wiener Raum.

Er berichtete mir, dass er das Erlebnis am Untersberg als Erwachsener schon vergessen hatte. Erst im Rahmen einer Rückführungstherapie wurde es ihm wieder bewusst. Er begab sich schließlich noch einmal auf die Suche nach jenem Ort und damit zurück in seine alte Heimat. In der Nähe des früheren elterlichen Anwesens bei Grödig wurde er tatsächlich fündig. Er „erspürte" jenen mystischen Ort wieder und nahm Naturwesenheiten wahr. Er kehrte sogar mit einer Gruppe von Menschen und einer Polaroidkamera zurück, um seine Wahrnehmungen bestätigt zu bekommen – was auch passierte.

Einem sensitiven Menschen werden die Wesen auch auf den von ihm gemachten Fotos (siehe oben) erkennbar. Doch es scheint, dass nur die kindlichen, unverfälschten Instinkte das Wesentliche in seinem ganzen Ausmaß erkennbar machen und den Zugang in die andere Wirklichkeit jenes Wunderberges ermöglichen. Ist das der Grund, warum er – wie er mir später erzählte – bald mit seinen Kindern diesen Ort besuchen möchte?

Hat sein kindlicher Kontakt mit den Naturwesen des Berges ihn auf seinem Lebensweg derart geprägt, dass er heute u. a. erfolgreich energietherapeutisch tätig ist?
Ingomars „Zeitreise" weist Parallelen zu der Sage von der verschwundenen Hochzeitsgesellschaft (siehe oben) auf. Beide Geschichten deuten auf das Vorhandensein eines energetischen Zugangs zum Berginneren und seiner Bewohner hin: das Ostportal des Untersberges im Raum Grödig.
Und in welchem Zusammenhang steht dazu das 1935 ebenfalls in dieser Gegend eingestürzte Drachenloch?
Ist der „schlafende Drache" – wie ihn der Dalai Lama auch bezeichnet haben soll – jetzt aufgewacht?
Der deutsche Theosoph und Mediziner Dr. Franz Hartmann (*1838, †1912) hat 1896 ein seltsames Buch geschrieben – *Unter den Gnomen im Untersberg*. Es wird als eine Satire auf die materialistische Wissenschaft am Ende des 19. Jahrhunderts deklariert. Als Theosoph, Freimaurer und Rosenkreuzer verfügte Franz Hartmann jedoch über ein enormes okkultes Wissen. Das Buch schrieb er während seiner Tätigkeit als erfolgreicher Arzt in einem Sanatorium bei Hallein im Salzburger Land – gegenüber dem Untersberg. „Zufälligerweise" wurde im Jahre der Bucherscheinung in Bad Reichenhall eine Freimauererloge gegründet mit dem Namen „Bruderkette am Untersberg".
Hartmann nennt das 2. Kapitel seines Buchs „Im Drachenloch". Eine wissenschaftliche Forschungsgesellschaft besucht das Drachenloch, gerät in ein Gewitter und findet in einer nahen Höhle Unterschlupf. In der Geschichte von den Untersberggnomen nimmt das Drachenloch eine richtungsweisende Position ein. In der Nähe öffnet sich schließlich der Zugang zur Unterwelt der Gnome. Hartmann beschreibt im Inneren des Berges unter anderem ein weibliches Lichtwesen (siehe dazu Kapitel 7).
Der „Berg des Lichts" (siehe die Botschaft von Eugen Köberle, S. 147) ist im Inneren mit Lichtwesen gefüllt. Hartmann hatte meines Erachtens

Linkes Bild:
Ingomar von Lex:
Naturwesen am Untersberg: „Der Gnom".

Rechtes Bild:
Ingomar von Lex:
Naturwesen am Untersberg: „Der Gnom 2".

Das Drachenloch am Untersberg. (Archiv Reinhard Habeck)

Kontakt zu Geistwesen des Berges. In ihrer Kernaussage wollen sie nicht zum Ziel Sensationshungriger werden, wohl aber die Kraft des inneren Lichtes als Wissen vermitteln. Ingomar von Lex wurde im Sommer 1956 – also 60 Jahre später – von einem Untersbergzwerg in eben dieser Region – allerdings in Talnähe – in den Untersberg geführt.
Auch die „Verschwundene Hochzeitsgesellschaft" dürfte ihren Zugang zum Berg hier gefunden haben.
Am 10. Juni 1935 – einem Pfingstmontag – um 12:30 Uhr stürzte das Drachenloch bei Sankt Leonhard zusammen. Der blutrünstige Drache, der dort der Sage nach gehaust haben soll, hatte keine Heimat mehr. Ein anderer blutrünstiger Diktator hatte die Macht – auch am Untersberg (siehe die Geschichte von Hitlers Berghof am Obersalzberg und vom Kehlsteinhaus gegenüber dem Untersberg) – übernommen.

Wenn Stürme brausen, Blitze schmettern,
Der Donner durch den Himmel kracht,
Dann les ich in des Weltbuchs Blättern
Das dunkle Wort von Gottes Macht.

Friedrich Hebbel

Die Kyrill-Linie

Der Untersberg ist bekannt und berühmt-berüchtigt für seine **Zeitphänomene** bzw. **Zeitanomalien**. Diese äußern sich bei Betroffenen in **Zeitverlusten** – von gemäßigt (wenige Minuten bis eine Stunde) bis extrem (500 Jahre = Sage von der verschwundenen Hochzeitsgesellschaft). Der wahre Kern jenes Mythos wurde mir in den vergangenen Jahren erkennbar, durch zahlreiche Gespräche mit Menschen, die über ihre Zeitverluste und damit verbundene dramatische Umstände berichteten, bis zu eigenen Erfahrungen.
Das Sammeln und Einordnen jener Berichte führte zu einer **Kartographierung der Zeitanomaliezone** am Untersberg.
Am 18. und 19. Januar 2007 fegte der Orkan Kyrill mit Windgeschwindigkeiten von bis zu 225 km/h über weite Teile Europas und den Alpenraum hinweg, forderte Todesopfer und führte zu immensen Sachschäden. Er schlug an der Nordseite des Untersberges eine markante Schneise genau im seinem labilen geomantischen Verwerfungs-Bereich, in dem die Uhren anders gehen.
Diese Schneise nenne ich deswegen die Kyrill-Linie. Sie beginnt am energetisch-mythologischen Zentrum der Mittagsscharte und zieht sich westlich abfallend über die Klingeralm bis hinunter zur Waldandacht nach Großgmain.
Der alte Marmorbruch (Veitlbruch), der direkt unterhalb der Region Salzburger Hochthron und Mittagsscharte liegt, gehört – nach Berichten – auch noch zur Zeitanomalie-Region. In der Kyrillzone kann man, wie schon von mir im Buch *Zauberkraft der Berge* (Seite 161 ff.) berichtet, im Bereich der Mittagsscharte auch ein Licht- und Sonnenphänomen beobachten. Die Sage um die Mittagsscharte – also da, wo genau die Grenze zwischen Bayern und dem Salzburger Land verläuft – weist jedenfalls auf ein Zeit(Höhlen-)portal hin, das sich dort alle paar Jahre zu Maria Himmelfahrt (15. August) öffnen soll.
Tatsächlich existiert mitten in der Mittagsscharte eine Höhle namens „Steinerner Kaser", in der sich um 14:00 Uhr am 15. August und am 21. Juni ein Lichtphänomen beobachten lässt. Durch einen sogenannten Tagschlot wird die Höhle zur Mittagszeit „erleuchtet", noch beeindruckender wird dieses Lichtschauspiel, wenn Sonne und Wolken sich

abwechseln, dann kann man im Höhleninneren ein spektakuläres „Pulsieren" erleben.
Die Radiästhetin Margrit Bonhagen hat im Steinernen Kaser 20.000 Boviseinheiten gemessen – eine gute sakrale Energie.
Dzintra Pededze, eine Bergsteigerin aus Lettland, besuchte den Steinernen Kaser exakt zur Sommersonnenwende 2008. Ihre berührenden Worte habe ich im Original-Wortlaut ihrer E-Mail-Zuschrift an mich belassen:
„Also der Wunderberg hat mir einen kleinen Wunder geschenkt ... Aus verschiedenen Gründen habe ich Alpensonnenwendfeuer am Weißbach auf dem Untersberg gefeiert. Am 21. Juni habe ich von der Toni-Lenz-Hütte eine kleine Tour nach oben gemacht. Der Wunderberg hat alles so ausgestaltet, dass ich ungefähr um 13:20 bis 13:40, also fast Mittag, wenn man Sommerzeit abzurechnet, die berühmte Höhle in der Mittagscharte erreichte. Was mir da erwartete, kann man auf zugelegten Bilder sehen ...
Vor allem, ein Lichttriskel auf dem Boden!
Die Höhle war hell. Ich kann nicht zuordnen, wieweit kam die Licht von oben, wieweit spiegelte es an der Schnee bei der Höhleneingang. Durch das Loch konnte man Sonne sehen ... Triskel war bestimmt von dem Loch, dass habe ich mit meinem eigenem Schatten überprüft.
Also, ich möchte damit nicht sagen, dass in der Mittagscharte am Mittag des Sommermitte auch ein genauso großes Wunder passiert, wie am 15. August. Ich habe keine Erfahrung am August. Aber mindestens mein eigenes kleines Wunder habe ich vom Wundersberg bekommen, wofür ich ihm ganz dankbar sind.
Und ich möchte dieses Wunder nicht als Geheimnis halten ..."

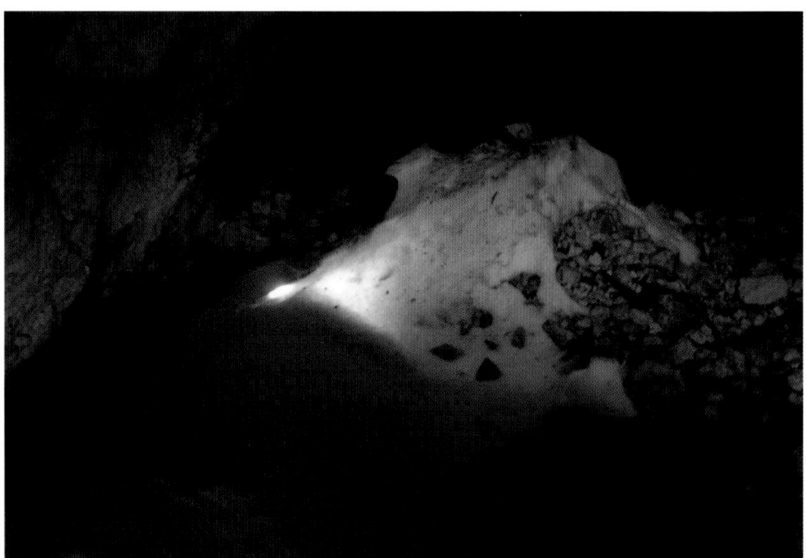

Dzintra Pededze: Lichtphänomen im Steinernen Kaser, 21. 6. 2008.

Am 24. Mai 2009 bestieg Annemarie Hufnagl aus Bad Reichenhall den Untersberg und wollte dabei auch in der Mittagsscharte die Höhle „Steinerner Kaser" (das Dimensionsportal) besuchen. Da in diesem Jahr Anfang Juni noch viel Schnee auf der Hochfläche lag, war es zunächst nicht vorherzusehen, ob die Höhle betretbar war.
Über eine meterhohe, senkrecht zum Höhleneingang abfallende Schneeeinwehung konnte sie schließlich kletternd das Höhleninnere erreichen. Unterhalb des Tagschlots erhob sich eine Art drei Meter hohe Schneepyramide und in dieser steckte ein ca. 1 Meter langer Eiskristall (siehe Foto). Dieses magische Erlebnis hat Annemarie mir in gefühlvollen Worten beschrieben und dazu einige Fotos gemacht:
„Ja das war wirklich ein grandioses Erlebnis. Nachdem wir vom Stöhrhaus herübergingen und doch noch viele Schneefelder überqueren mussten, war es ein spannender Moment dort (am Steinernen Kaser in der Mittagsscharte – der Verfasser) anzukommen, weil doch gar nicht klar war, ob der Höhleneingang frei war. Und das war auch erst in der letzten Sekunde, als wir direkt davor waren, zu sehen. Da hab ich mich wie eine Schneekönigin gefreut und bin gleich eifrig abgestiegen über die senkrechte Einwehung.
Dann hab ich meinen Rucksack und Stöcke liegenlassen, weil es nur im Kriechgang auf allen Vieren möglich war einzutreten. Schwer zu beschreiben, was dann für Gefühle da waren ... so eine Mischung aus heiligem Respekt und kindlicher Freude. So näherte ich mich sehr langsam dem Schneekegel, der so etwas war wie ein Berg im Berg (die Fotos sind auch sehr ähnlich). Es war, wie wenn darin alle Erinnerung gespeichert wäre. Tags zuvor hab ich den Film ‚Der dunkle Kristall' gesehen und da war mir, als ob ich den Splitter gefunden hätte, so wie

Annemarie Hufnagl: Schneewand im Eingangsbereich des Steinernen Kasers, 24. 5. 2009.

Annemarie Hufnagl: Der Eiskristall im Steinernen Kaser, 24. 5. 2009

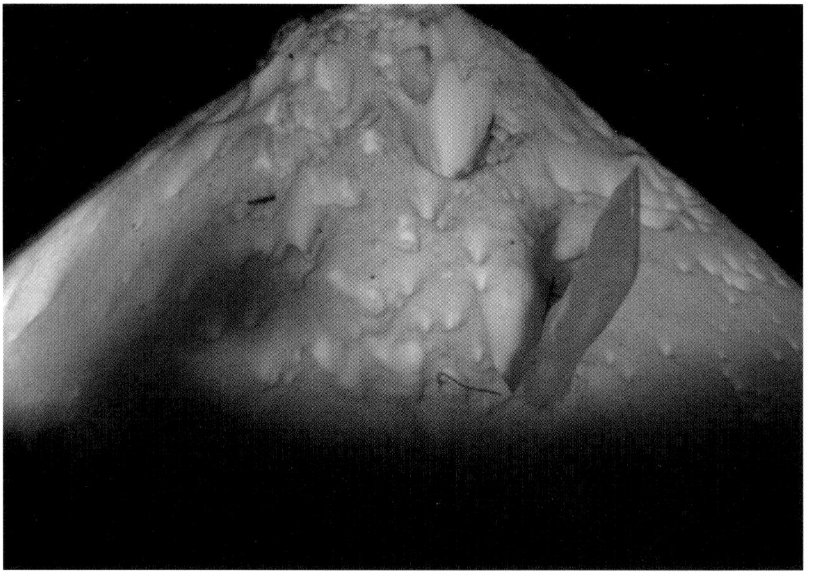

in dem Film. Er war so wunderschön und ich fand auch keine weiteren Eiskristalle in der Höhle ... wo er nur herkam?
Ich hatte jedenfalls das Gefühl, nur einen kurzen Blick darauf werfen zu dürfen und dann auch diesen heiligen Raum wieder baldigst verlassen zu müssen. Ich weiß nicht, vielleicht war es eine zu starke Energie, die mich wieder heraustrieb. Schade eigentlich, weil es war ein großer Friede in mir da bei diesem Anblick.
Wenn ich jetzt in große Aufregungen gerate, rufe ich mir dieses innere Bild wieder ins Bewusstsein und dann breitet er sich langsam aus, der innere Friede. Es war ein großes Geschenk, das zu entdecken und etwas davon im Seelenspeicher abzulegen."

Epilog zu Annemaries Geschichte.

Sie schreibt:
Nun ... die Bilder wurden am 24. 5. 09 so gegen 13:47 Uhr aufgenommen.
Es war ein Sonntag.
Es war Neumond.
Exakt um 13:07 Uhr (das war meine Ankunft dort am Höhleneingang) wurde der Mond neu.
Und der Mond stand im Zwilling – mein Aszendent.
Vielleicht ist das eine kleine Erklärung für DAS, was mir dort in so überwältigender Weise begegnete.

Unhemmbar rinnt und reißt der Strom der Zeit,
in dem wir gleich verstreuten Blumen schwimmen,
unhemmbar braust und fegt der Sturm der Zeit,
wir riefen kaum, verweht sind unsre Stimmen.
Ein kurzer Augenaufschlag ist der Mensch,
den ewige Kraft auf ihre Werke tut;
ein Blinzeln – der Geschlechter lange Reihn,
ein Blick – des Erdballs Werden und Verglut.

Christian Morgenstern

Die 3 Zeitportale

Aus den Mythen und eigenen Beobachtungen kann ich am Untersberg 3 Zeitportale lokalisieren:

1. im Raum Grödig auf Salzburger Gebiet – Ostflanke des Untersberges, Sonnenaufgangsseite (siehe dazu meine Ausführungen zu Ingomar von Lex' Erlebnis 1956, die Sage von der verschwundenen Hochzeitsgesellschaft sowie Franz Hartmanns Expedition zum Drachenloch.)

Untersbergportal Grödig.

Untersbergportal Hallthurm.

Rechte Seite: Untersbergportal Mittagsscharte.

2. im Raum Hallthurm auf Berchtesgadener Gebiet – Westflanke des Untersberges, Sonnenuntergangsseite (siehe dazu meine Ausführungen zu der Wildfrauensage mit der „eisernen Thür", die Sage und meine Forschungen rund um das Nixloch und die Gurrwand sowie die geheimnisvollen Felsritzungen im Bereich der Hallthurmer Festungsmauern)

3. in der Mittagsscharte, die von der Grenze zwischen Österreich/Deutschland bzw. zwischen Berchtesgadener und Salzburger Land geteilt wird (siehe dazu meine Ausführungen zum Steinernen Kaser und zur Geschichte von den drei verschwundenen Müchnern von 1987).

Zeitanomalien treten darüber hinaus an der Nordseite des Berges im Bereich der von mir sogenannten Kyrill-Linie (siehe dort) auf.
Dies ermöglicht nun eine Kartographie der „anderen Zeit" am Untersberg.
Der 15. August und die Tage davor und danach nehmen dabei einen besonderen Rang ein. Sie scheinen ein Indikator für stark wirksame Zeitanomalie-Phasen zu sein bzw. für das Öffnen von „Dimensionsportalen".

Drachenkraft
KRAFTORT
UNTERSBERG

Der Garten ist ein Künder alter biblischer Wahrheit,
ein Spiegel der Schöpfung und ein Teil der eigenen Seele.

Herbert Josef Schmatzberger, Pfarrer von Großgmain

Der Marienheilgarten

Vorhergehende Doppelseite: Salzburger Hochthron.

Einer der bekanntesten Kraftorte am Untersberg ist der Marienheilgarten neben der Wallfahrtskirche Großgmain im Salzburger Land. Die Idee dazu hatte der als „Untersbergpfarrer“ bekannte Pfarrer Herbert Joseph Schmatzberger. An einem markanten Tag der Bioregion Untersberg, nämlich dem 15. August (siehe dazu Zeitportal S. 74), wurde er im Jahre 2001 eingeweiht. Besucher kommen von weit her, um jenen „Natur-Kunst Garten, der Natur und Philosophie, Religion und Mythologie, Astrologie und Numerologie zu einer ganzheitlichen-holistischen Weltsicht verbindet“, wie es in einer Informationsbroschüre der Pfarre Großgmain heißt, zu sehen.

Die Marienkirche gehört zu den 12 Untersbergkirchen, die Lazarus Gitschner (siehe S. 63, 81) im Zusammenhang mit seiner Reise durch den Untersberg gezeigt bekam. Sie gilt als älteste durchgehende Marienwallfahrt dieser Region. Gleich hinter der Kirche, auf einem geomantisch hoch wirksamen Energieplatz, liegt der Heilgarten, der in Form einer liegenden Acht (Lemniskate), also als Symbol für die Unendlichkeit, gestaltet wurde.

Im nördlichen Kreis steht auf einem starken Kraftfeld ein großer Untersbergestein, der als Menhir wirkt. Von ihm gehen 14 Strahlen aus, die von einem Kreis gekreuzt werden.

Marienheilgarten Großgmain mit Wallfahrtskirche und „Schlafender Hexe“.

Marienheilgarten Großgmain: der Untersbergstein.

Der Schnittpunkt des Kreises mit den 14 Strahlen ergibt 14 Energiepunkte, die durch 14 kleine Steine markiert sind.

Zur Zahlensymbolik der geomantischen Strahlen ist in der Informationsbroschüre nachzulesen:

14 ist die Davidzahl und von Abraham bis zu Christi Geburt, berichtet die Hl. Schrift, sind es 3 mal 14 Geschlechter. So ziert die Geburtstelle Jesu in Bethlehem ein 14-zackiger Stern. Vierzehn bringt etwas vollkommen Neues und Unerwartetes hervor: Jesus, ein Kind als Friedensführer.

Denken Sie auch an die 14 Kreuzwegstationen, wo aus dem Nichts das Leben, die Auferstehung kommt. Oder an die 14 Nothelfer, in Situationen, wo es nach menschlichem Ermessen keine Rettung mehr gibt. Auch am Pantheon, in dem alle Gottheiten verehrt wurden, waren stellvertretend für alle Götter 14 Buchstaben angebracht: „Naos Teon panton". Ein Tempel aller Götter.

Nachdem Pfarrer Schmatzberger zunächst von 12 Strahlen (Lazarussage) des Menhirs ausging, berichtigten ihn Radiästheten, die dort eben jene 14 Strahlen auspendelten. So vermutet er nun auch 14 Untersbergkirchen, die rund um den Untersberg als Kraftorte wirken.

Im südlichen Kreis der Lemniskate, *inmitten eines Kreises aus Blumen und Kräutern, die nach dem Horoskop des Einweihungsdatums am 15. 8. 2001 um 10:30 Uhr angeordnet sind, steht eine Statue der Sophia-Maria, ein Novum in der Kunst und Theologie des Abendlandes. Sie ist nach der Heiligen Schrift die Weltseele, die Mutter der ganzen Schöpfung, die in Maria Mensch geworden ist. Sie verkörpert die Einheit durch Liebe, das weibliche Prinzip.*

Viele Besucher empfinden auf jenem zweiten Kraftfeld der Madonna die überwältigenden Energien und sind meist nicht in der Lage, sich länger auf dem Platz aufzuhalten. Auch dem direkt hinter der Madonna errichteten Brunnen wird heilsame Wirkung nachgesagt.
Im Heilgarten finden regelmäßige Tierheilungsgottesdienste statt, aber auch andere christliche und ökumenische Gottesdienste.
Wer der Madonna im Kräuterkreis gegenübersteht, sie quasi anblickt, sieht links auf den Untersberg und rechts auf die Schlafende Hexe mit dem Teufelsloch. In der Informationsbroschüre heißt es dazu:
Die Statue stellt die kosmische Verbundenheit zwischen Gott und der Schöpfung dar. Theologie, Mythologie, Geomantik, Numerologie und Astrologie sind in der Flora des Gartens zu einem harmonischen Ganzen verbunden.
Der Garten ist *ein Künder alter biblischer Wahrheit, ein Spiegel der Schöpfung und ein Teil der eigenen Seele. Die Marienstatue ist als Mutter des Weltalls in den Tierkreis hineingestellt; entsprechend dem Horoskop der Einweihung des Gartens.*
Zur weiteren Zahlenmystik jenes Kraftortes ist zu lesen:
Gott hat die Welt, heißt es, nach Maß und Zahl erschaffen, was sich in unserem Garten widerspiegeln soll. Unser Großgmainer Marienheilgarten ist 19 m breit und doppelt so lang, also 38 m.
Die 19 ist eine wichtige, kosmische Zahl, die aus der Kreuzung von Sonnen- und Mondbahn entsteht und dadurch den Mondknoten bildet, der in 19 Jahren den ganzen Tierkreis durchwandert.
Im Rhythmus vieler Menschen und Religionen, wie z. B. bei den Bahais, ist die Zahl 19 von eminenter Bedeutung. Sie setzt sich aus 7 + 12 zusammen und diese wieder aus 3 und der 4. Die 3 göttlichen Tugenden (Glaube, Hoffnung, Liebe) und die 4 irdischen Tugenden (Weisheit, Mäßigung, Tapferkeit und Gerechtigkeit) ergeben zusammen die heilige Zahl 7 (7 Planeten, Wochentage, Sakramente ...).
Die 4 Elemente in ihren drei Erscheinungsformen ergeben die vollkommene Zahl 12 (12 Monate, Tierkreiszeichen, 12 Stämme Israels, 12 Apostel usw.).
Die beiden Kreise des Gartens haben einen Durchmesser von 13 m (biblische Zahl). Sie wollen damit aussagen: Erst wenn zur Vollkommenheit der berechenbaren 12 die unberechenbare 13 hinzukommt, geht die Verheißung in Erfüllung.
Ein gekreuzter Weg verbindet die beiden Kreise. Er führt von der irdischen Macht über das Kreuz zur göttlichen Liebe.
Da ich im Nachbarort Bayerisch Gmain aufgewachsen bin und auf dem Großgmainer Friedhof ein Teil meiner Ahnen seine letzte Ruhestätte gefunden hat – also direkt neben dem Marienheilgarten –, fühle ich mich diesem Kraftort sehr verbunden. Regelmäßig besuche ich ihn mit meiner Familie und im angrenzenden Pfarrsaal biete ich seit einigen Jahren meine alpenschamanische Arbeits- und Trommelgruppe an. Es ist tatsächlich ein Ort, an dem ich das Wunder der Schöpfung und die Liebe Gottes immer wieder aufs Neue erkennen kann.

Und so zählte er ihm diese zwölf Gotteshäuser auf,
wohin die Mönche abwechslungsweise zu wallfahren pflegten.

Sage von Lazarus Gitschner und die Prophezeiungen des Mönchs vom Untersberg

Das Netz der 12 Kirchen/Kraftorte

Nach einer Sagenversion von „Lazarus Gitschner und die Prophezeiungen des Mönchs vom Untersberg" lassen sich 12 Untersbergkirchen auflisten bzw. erkennen:
St. Bartholomä = am Königssee
Dom von Salzburg
Kirchenthal = Maria Kirchental bei Lofer
Feldkirchen bei Ainring
Gmain = Großgmain (Marienkirche!)
Seekirchen (Wallersee/Salzburger Land: Petruskirche)
Maxglan (Stadtteil von Salzburg: Maximilianskirche)
St. Michael im Lungau (Salzburger Land)
St. Gilgen = am Wolfgangsee
St. Zeno in Bad Reichenhall
Mariaegg = **Maria Eck** bei Siegsdorf
St. Peter und St. Paul in Bad Reichenhall (existieren nicht mehr!)

Die 12 Kirchen des Untersberges werden von der Landschaftsmythologin Heide Göttner-Abendroth als alte Kultplätze beschrieben. Dies entspricht auch meinen Erkenntnissen.
Radiästhetisch konnte festgestellt werden, dass alle 12 Orte dieselbe Energie besitzen: 13.500 Boviseinheiten. (Ich danke Margrit Bonhagen für ihre radiästhetischen Mutungen und Mithilfe. Siehe auch ihre Arbeit zu den „verirrten Seelen", S. 40)
Blanche Merz (1919–2002), die *Grande Dame* der Geobiologie und Pionierin der Schweizer Kraftorteforschung, spricht bei diesen Werten vom spirituellen und esoterischen Bereich bei heiligen Stätten.
In der Sage von Lazarus Gitschner steckt also zweifellos der Hinweis auf 12 Kirchen und damit sakrale Plätze bzw. Kraftorte und Kultplätze. Die Verteilung jener Orte offenbart wiederum ein Erdenergienetz. Ausgehend von dem mythischen und geomantischen Zentrum des Berges, nämlich dem Gebiet des „Hohen Throns" (= Salzburger Hochthron) bzw. der nahe gelegenen Mittagsscharte (der Klamm aus der Lazarus-Sage), wird in der Draufsicht deren gleichmäßige Verteilung deutlich. Bei fast allen Plätzen finden wir Hinweise auf vorgeschichtliche bzw. vorchristliche Kultplätze.

Vom Kraftzentrum des Untersberges, der Mittagsscharte, aus kann ich 12 sogenannte Leylines bis zu den 12 Kultplätzen verfolgen. Die markantesten dieser Erdenergielinien und die Kraftorte selbst beschreibe ich im Folgenden:

St. Michael scheint in dem Netz ein „Ausreißer“ zu sein. Ich bin der Meinung, dass diese in der Sage örtlich nicht näher definierte Kirche das Sankt Michael im Lungau sein kann. In einer anderen Sagenversion findet sich St. Peter auf dem Radstädter Tauern und macht den Tauernübergang als verbindendes geomantisches Element nach Kärnten deutlich.
Es liegt am Katschberg, kurz vor dem Tauernübergang nach Kärnten. Die Kraft des Untersberges reicht also über jenen Alpenhauptkamm hinüber (siehe auch Untersbergbruder Petzen S. 102) In Kärnten – genauer gesagt im Oberen Drautal zwischen den Ortschaften Kleblach und Lengholz– finden wir einen Waldhügel namens Kams, der auch als der „Kärntner Untersberg“ bezeichnet wird. In einer weiteren Oberkärntner Sage wird die Ausdehung des Untersberges sogar bis nach Villach beschrieben. Eines der zwölf Untersbergtore soll demnach sogar bei Villach zu finden sein.
Beim Kams findet sich – wie beim Untersberg – die Sage eines Weinfuhrmanns, der von einem „Untersberger“ (!) in den Berg geführt wurde und dort auf den Kaiser Friedrich (Barbarossa) trifft, der auf seine letzte Schlacht wartet. Bei dieser Begegnung verliert der Fuhrmann sieben Jahre Zeit. Allein in dieser Sage wiederholen sich mehrere Motive von Untersbergsagen:
· Weinfuhrmann
· von Untersberglern in den Berg geführt
· große Höhlensysteme
· der schlafende Kaiser und sein schlafendes Heer
· die letzte Schlacht
· Zeitverlust
· die Zahl Sieben.

St. Bartholomä am Königssee. In keltischer Zeit soll hier ein Tempel gestanden sein. Dieser Kultplatz wurde aber schon bald nach den Kelten zu einem christlichen Wallfahrtsort. Anlass zu dieser ältesten Gebirgswallfahrt Europas soll die im Jahre 1635 im benachbarten Salzburgischen wütende Pest gegeben haben. Bis zu 2000 Wallfahrer ziehen heute jährlich über das Steinerne Meer.
Es handelt sich bei dieser beschwerlichen Wallfahrt über das Steinerne Meer schon allein wegen der großen Zahl an Pilgern um eine der bemerkenswertesten Hochgebirgswallfahrten. Es wird davon ausgegangen, dass es diese Wallfahrt zu religiös-kultischen Zwecken schon lange vor 1600 gegeben hat. Höchstwahrscheinlich reichen diese christlich erneuerten Riten noch viel weiter zurück. Die Wunderquelle im

Steinernen Meer, aber auch der an der Grenze befindliche Berg Totes Weibl (2088 m) und andere Flurnamen können in dieser Hinsicht wichtige Hinweise sein.
Wir finden hier sogar eine vergessene Heilquelle: Auf dem Weg von St. Bartholomä zur Eiskapelle überquert man nach ca. 15 Minuten die Brücke über den Eisbach. Sofort nach der Brücke – am Wege zur Johannes-und-Paul-Kapelle (Fußweg zur Eiskapelle) – rechts halten: Hier befindet sich nach wenigen Metern ein in Vergessenheit geratenes

*Bild oben:
Sankt Bartholomä
am Königssee.*

*Bild unten:
Untersbergstüberl –
„Kaiser Karl nimmt den Königssee in Besitz“.*

heiliges Bründl: das sogenannte „Fieberbründl". Aufmerksam gemacht hat uns auf diese vergessene Heilquelle ein Mitarbeiter des Nationalparks Berchtesgaden. Es handelt sich hierbei um eine zugängliche Quelle, welche zeitweise für die Gastronomiebetriebe in St. Bartholomä als Trinkwasser gefasst wurde.

Linke Seite: Königssee, Fieberbrünndl, „die vergessene Heilquelle".

Der Dom von Salzburg. Vor den Zeiten des Massentourismus mag hier ein mächtiger Kraftort gewesen sein. In der Sage heißt es über den Dom: Die Domkirche zu Salzburg steht auf ungeheuren Gewölben, Mauern und Pfeilern, die tief in die Erde hinabreichen. Da unten liegt auch ein See, den die Sonne noch nie beschienen hat und der nur bewegt wird, wenn ein Erdbeben ihn erschüttert. Stadt und Domkirche können daher auch nie durch ein Erdbeben zugrunde gehen, weil sich dessen Gewalt im Wasser bricht." (Quelle: Rudolf Freisauff von Neudegg, *Salzburger Volkssagen*, Wien/Pest/Leipzig 1880. Band 1, S. 303)
Ist dies noch ein versteckter Hinweis auf die einstige Bedeutung und Kraft jenes Ortes, der tief verwurzelt in Mutter Erde den Seelensee in sich birgt und die Bewohner vor Unheil schützt? In der Krypta des Doms ist noch etwas von der früheren Kraft zu spüren.

In der Krypta des Salzburger Doms.

Bild oben: Runen vom Runenstein.

Bild rechts: Der Runenstein am sogenannten Wachterlsteig zur Reiteralm.

Maria Kirchental bei Lofer. Die Maria-Kirchental-Linie fällt durch ihre Komplexität auf. Sie berührt nach dem Untersberg als Erstes im benachbarten Lattengebirge die sogenannte Kreuzelwand, eine Felswand mit einer Vielzahl von Felsritzungen (Petroglyphen) überwiegend in Kreuzform.

Die Linie quert das folgende Schwarzbachtal, das Reiteralm und Lattengebirge trennt. Dabei durchläuft sie das Karstquellgebiet Sieben Brünnen bei den Schwarzbachalmen (7 als bedeutende Zahl im Lazarus-Mythos und allgemein heilige Zahl),

- einen uralten, eingewachsenen Steinkreis am Nordende des Almgebietes kurz vor dem Anstieg Richtung Eisberg
- einen neuen Steinkreis (Medizinrad) rechts neben dem Waldweg zum Schwarzbachloch
- jeweils einen Spaltfelsen auf jeder Bachseite auf Höhe der Almen (Durchkriechkult)
- das Schwarzbachloch, eine Quellhöhle, die unseren keltischen Vorfahren stets als heiliger Ort erschien
- einen Runenstein kurz vor dem Beginn des Wachterlsteigs auf die Reiteralm
- die „Kirche" – das ist die Bezeichnung für eine Höhle und zugleich ein Gebiet auf der Hochfläche der Reiteralm mit zahlreichen Petroglyphen im Eingansbereich und in der näheren Umgebung und gilt als Kultgebiet (daher auch der Name „Kirche")
- den Goldenen Zweig (in der römischen Mythologie ein Zugang zur Unterwelt oder ein Grenzgemarkungsname?) und trifft schließlich auf die Marienwallfahrtskirche **Maria Kirchental**. Wieder begegnen wir auf einem der 12 Untersbergkultplätzen einem Wallfahrtsort. Unzählige Votivtafeln belegen die Wunder und Erhörungen der Geister dieses Ortes.

Der verstorbene Salzburger Heimatforscher Franz Spilka hat sich ausführlich mit der Geomantie dieses Ortes beschäftigt. Dabei wurde eine Kultanlage aus der Frühzeit der christlichen Missionierung gemutet. Spilka konnte schließlich auch ein besonderes Lichtphänomen in der Kirche feststellen. Ähnlich wie in Sankt Zeno in Bad Reichenhall fällt Sonnenlicht zu bestimmten Tagen in die Kirche. Das Gnadenbild wird dadurch bei aufgehender Sonne beleuchtet. Er schreibt dazu: *Zweimal im Jahr, um den 4. Mai und um den 8. August, geht die Sonne in Richtung der Kirchenachse, beim Kötschmairhorn auf. Dann fallen die Lichtstrahlen durch das Fenster ober dem Hauptor in die Kirche hinein und beleuchten den Altaraufbau mit dem Gnadenbild.* (Quelle: *Rätsel der Heimat*, 65. Folge von Franz Spilka, Eigenverlag)
Auffällig ist die zeitliche Nähe zu der mythologisch bedeutenden Untersbergzeit um den 15. August (Öffnung des Zeitportals, Beginn des Frauendreißigers) und zum keltischen Lugnasdh, dem Erd- und Schnitterinnenfest, am 1. August.
Mit der im Lazarus-Mythos verwendeten alten Schreibweise *Mariaegg* ist die Wallfahrtskirche **Maria Eck** bei Siegsdorf gemeint. Die Maria-Eck-Linie fällt ebenso wie die Maria-Kirchental-Linie durch eine Vielfalt ungewöhnlicher Stein-, Sonnen- und Quellkultplätze auf. Sie quert zunächst den inzwischen als Herzstein (siehe auch *Die Zauberkraft der Berge*, S. 57) bekannten „erratischen Block" im Kirchholz bei Bad Reichenhall, der bald nach seiner Freilegung bei Kiesabbauarbeiten vor ca. 100 Jahren ein Kultstein wurde.

Ein weiterer Ort auf dieser Leyline ist **Sankt Zeno** in Bad Reichenhall, dessen Sonnenauge in der Westfassade des Münsters ein „Weihnachtslichtwunder" ermöglicht.
Im weiteren Verlauf findet sich die Kirche Sankt Georg (bekannt als das „Nonner Kircherl"), wo sich einst ein germanischer Sonnengerichtsplatz befand und wir heute am Kirchenportal einen geheimnisvollen 9-Schalenstein finden, dessen Herkunft nicht bekannt ist.
Jenseits des dem Untersberg gegenüberliegenden Reichenhaller Hausbergs Zwiesel stößt die Linie nun auf den Falkenstein (ein Frauen-Bergheiligtum), das wir auch bei zwei weiteren Untersbergkirchen wiederfinden: bei **Sankt Bartholomä** am Königssee und bei **Sankt Gilgen** am Wolfgangsee (siehe dazu meine Ausführungen über die Bedeutung von Falkensteinen als Heilige Berge in *Die Zauberkraft der Berge*, S. 71) und auf Inzell-Burgstall, zwei Hügel, von denen einer vermutlich ein keltischer Sonnenkultplatz ist, da er zum Sonnenuntergang bei der Sommersonnenwende ausgerichtet ist. Bei eigenen Nachforschungen konnte ich Siedlungsspuren entdecken, auf die ich den dortigen Heimatpfleger aufmerksam machte.

Maria Eck selbst ist wieder, wie die meisten der Untersbergkirchen, ein Marien-Wallfahrtsort und damit ein früherer Frauenkultplatz, der

Spurstein bei der Kapelle Maria Rast am Pilgerweg nach Maria Eck.

christianisiert wurde. Es finden sich hier eine Heilquelle, ein Kultstein (Spurstein „Maria Rast“) und die üblichen wundersamen Gründungsgeschichten. Geomantisch potenzierend wirkt sich zudem die Lage Maria Ecks auf der Leyline Karlsruhe–München–Berchtesgaden/Hoher Göll aus.

Die Erwähnung **Sankt Gilgens** am Wolfgangsee deutet auf den Sankt Gilgen am See gegenüberliegenden heiligen Falkenstein hin und ist durch seine vom Untersberg weit entfernte Lage bezeichnend für die Verbindung von Heiligen Bergen wie den drei Falkensteinen am Königssee und bei Inzell (Oberbayern), am Wolfgangsee (Salzkammergut) und den Kams (Kärnten).

Auch die **Feldkirchen-Linie** weist wieder einige mythologische und geomantische Besonderheiten auf. Sie berührt nach dem Untersberg zuerst das Karlsohr (siehe S. 127), also den früheren Orakelplatz und die heutige oberhalb des Karlsohrs gelegene Kulthöhle Grasslhöhle.

Dann stoßen wir auf einen geheimnisvollen Erdstall am Goiser Hügel, der ja vom Riesen Abfalter geschaffen worden sein soll und auf dem heute die **Goiser Jakobskirche** steht. Diese rätselhaften unterirdischen Anlagen, die offensichtlich häufig für und von eher kleinwüchsigen Menschen (Zwergen?) gebaut wurden, sind in ihrer Bedeutung heute noch nicht eindeutig klassifiziert. Vieles deutet allerdings auf kultische Zwecke hin. Schon der Name Gois macht auf die Ursprünge und Bedeutung aufmerksam. Das keltische Wort *gois/gais* bedeutet tabu/heilig. Auch der dem Untersberg gegenüberliegende Gaisberg war somit ein Tabu-Berg, worauf noch zwei Schalensteine am Gipfelareal hinweisen.

Das anschließende **Walserfeld** mit dem Walser Birnbaum ist natürlich im Mythos mit dem Kaiser Karl verbunden.

Die Umgebung der **Wallfahrtskirche Mariä Himmelfahrt** (15. August!) weist Siedlungsspuren auf, die bis in die Jungsteinzeit zurückweisen. Die im 13. Jahrhundert begonnene Wallfahrt besitzt keine Kontinuität. Neuerdings gibt es Ambitionen die Wallfahrt wieder aufleben zu lassen. In der Kirche findet sich eine hölzerne Figur der Anna Selbdritt (Mutter Anna mit Maria und dem Jesuskind), nach Georg Rohrecker die verchristlichte dreifache Muttergöttin der Kelten. Erwähnenswert ist auch das Erlebnis einer Feldkirchnerin mit den Untersbergern (siehe S. 53), das sie nahe der Kirche hatte.

Die Jakobskirche von Gois mit dem Erdstallhügel.

Der stark urbanisierte Bereich von **Maxglan** macht heute kaum noch wirksame Erdkräfte spürbar. Siedlungsreste und Grabhügel aus der Stein-, Bronze- und Hallstattzeit lassen allerdings eine frühere kultische Bedeutung noch erahnen.

Die Kirchen **Sankt Peter und Sankt Paul** standen an der früheren Stadtmauer Bad Reichenhalls und existieren heute nicht mehr. In der Stadtchronik von Johannes Lang (*Geschichte von Bad Reichenhall*, 2009) ist allerdings nachzulesen, dass – dem Volksmund nach – hier ein heidnischer Kultplatz gewesen sein soll.

Die **Großgmainer Marienkirche** habe ich bereits zum Kapitelanfang mit der Beschreibung des Marienheilgartens (siehe S. 78) erwähnt.

Die **Petruskirche** von **Seekirchen** am Wallersee besitzt ihre geschichtliche Bedeutung darin, dass der heilige Rupertus im Salzburger Land hier das Christentum zuerst verbreitete und die erste christliche Kirche bauen ließ. Auch hier darf wieder von einem früheren vorchristlichen Kultort ausgegangen werden.

Wie bereits Untersbergpfarrer Herbert Josef Schmatzberger durch die Kraft seines Menhirs im Marienheilgarten feststellen konnte, existieren zu den zwölf aus dem Mythos bekannten Kultorten noch zwei weitere. Ich meine diese in der Wallfahrtskirche Maria Gern und in der Stiftskirche von Berchtesgaden zu erkennen. In Berchtesgaden – dem Reich der Percht (siehe S. 139 f.) – endet jene bekannte Leyline Karlsruhe–München–Berchtesgaden und trifft auf die dort beginnende Untersbergleyline:
Stiftskirche Berchtesgaden
Maria Gern (Untersbergler-Kirche)
Baumheiligtum Hintergern
Irlmaiermadonna (Heilquelle)
Mittagsscharte (Dimensionsportal).

Wo d'Sonna stroiht durch d'Fels'nlächa
im Toi erwocht da heil'ge Blotz
Mensch, Pflonz'n und Tia
zum Himmi 'naufblicka
in de Herz'n locht da Sonnadonz.

Rainer Limpöck

Die Hochburgerhöhe bei Grossgmain und das Münster von Sankt Zeno in Bad Reichenhall

Die Hochburgerhöhe, am Südostende der Gemeinde Großgmain (Salzburger Land) auf Höhe der Tennisplätze, ist zunächst ein unscheinbarer Ort, an dem das Jahr über Pferde auf den Koppeln stehen – und dennoch bietet er an ein paar Tagen im Jahr ein einmaliges Naturschauspiel.
Im Bereich der Hochburghöhe – auf den Feldern des Hochburgerbauern, am Waldrand bis zu dem östlich gelegenen Hügel ansteigend – ist der Sonnendurchgang am Teufelsloch (Agnesloch) vom 19. bis 23. Dezember von 13:15 bis 13:30 Uhr zu sehen. Die Besonderheit dieses Sonnenobservationsgeländes stellt die Möglichkeit dar, den Sonnendurchgang bis zu einer halben Stunde lang verfolgen zu können, wenn man dem Sonnenverlauf der zu diesem Zeitpunkt wieder sinken-

Hochburghöhe Großgmain: Beobachtergruppe (im Hintergrund der Untersberg).

Sonnendurchgang am Teufelsloch im Lattengebirge (gesehen von der Hochburghöhe).

den Sonne folgt. Das Sonnenauge des Lattengebirges ist exakt zur Wintersonnenwende aktiv.

Die Beobachtung dieses alpinen Naturschauspiels gehört für mich und meine Familie stets zu den intensivsten Ereignissen in unserem heimatlichen Jahreskreis. Es ist ein Treffpunkt für Menschen, die mit den Zyklen der Natur leben: Freunde, Bekannte, Verwandte oder Interessierte kommen hier zusammen, um die Wintersonnenwende nicht nur visuell wahrzunehmen, sondern sie auch im Herzen zu spüren.

Der heutige Kraftort und vermutliche frühere Sonnenkultplatz bei Großgmain schafft Nähe und Identität.

Diese Sonnenlöcher des Alpenraums – auch Felsenlöcher, Teufelslöcher oder Drachenlöcher genannt – können als alpine Meridiane gesehen werden. Die Sonne wird durch den Durchgang terrestrisch aufgeladen und wirkt so besonders energetisierend auf eine bestimmte Zone im Tal. In dieser „bestrahlten" Region findet man häufig sakrale Anlagen wie Kirchen, Kapellen, Grabhügel oder Bildstöcke.

In der Vorgeschichte sind solche Orte als natürliche Sonnenobservatorien genutzt worden, die den Jahreskreis und landwirtschaftliche Ernte- und Aussaatzeiten bestimmten. Auch ist von Sonnenkultplätzen auszugehen, die im Gegensatz zu Anlagen wie in Stonehenge oder Goseck nicht künstlich geschaffen werden mussten. Die Bedeutung solcher alpinen Sonnenphänomene für die heutige Zeit ist noch nicht abzuschätzen.

Ganz in der Nähe der Hochburgerhöhe fallen die Namen des Höllauer Grabens und des Höllbühels auf. Beschreibt der Höllbühel den früheren Sonnenkultplatz?

Der Teufel und die Hölle passen ja gut zusammen: oben im Lattengebirge am Teufelsloch treibt der Teufel mit der Sonne sein teuflisches Werk

Sonnendurchgang am Teufelsloch im Lattengebirge.

und unten im Tal beobachten seine (heidnischen) Anhänger das Schauspiel am Höllbühel. Zwischendrin liegen die Teufelshörner, die Teufelsschlucht und sogar ein in alten Karten verzeichneter Toter Mann. Keltenforscherin Inge Resch-Rauter führt in ihrem Buch *Unser keltisches Erbe* den Namen „Toter Mann" auf das keltische *Tota Magos* zurück – das (Hoch-)Feld des Teutates –, einen Versammlungsort des Volkes.
Der Sonnendurchgang beim Teufelsloch „segnet" somit nicht nur vom 19. bis 22. November und 20. bis 23. Januar ab 13:15 Uhr den als Grabhügel in Hohenfried bekannten Ort und damit die Westseite des Bayerisch Gmainer Talausgangs Richtung Berchtesgaden, sondern auch vom 19. bis 23. Dezember die Ostseite des Talausgangs bei Großgmain. Der von West nach Ost und wieder zurück wandernde Sonnendurchgang am Teufelsloch symbolisiert einen Zyklus, der den Menschen der Frühzeit sicher noch heilig war.
An den jeweiligen Kulthügeln fungiert das Sonnenauge an den Kernzeiten nach eigenen mehrjährigen Beobachtungen und aufgrund der Sagen als Wetter-Orakel für die kommenden Wochen.
Analog zu diesem Naturschauspiel ist um die Wintersonnenwende im nahe gelegenen Bad Reichenhaller Münster von Sankt Zeno – also gleichsam ein Stockwerk tiefer – zwischen 15:00 und 15:30 Uhr ebenfalls ein Sonnendurchgang durch das Rosettenfenster zu sehen. Dieser künstlich geschaffene, auf den Altar strahlende Sonnendurchgang wurde für den christlichen Heiligen Abend als ein göttliches Lichtwunder „inszeniert" und das Münster wurde beim Bau entsprechend ausgerichtet – dachte ich zunächst, bis mich jemand darauf hinwies, dass bei der Kirchenerbauung 1228 noch der Julianische Kalender galt – also statt des in der gregorianischen Kalenderrechung gültigen 24. Dezember bestand der 6. Januar. Doch was gab es hier und damals zu feiern?

Das Münster von Sankt Zeno (Bad Reichenhall) mit dem Rosettenfenster über dem Hauptportal.

Ich forschte nach und fand heraus, dass auch die Drei Könige zunächst nicht im Mittelpunkt des 6. Januar standen. Es wird vermutet, dass das Datum auf ein heidnisches Fest zurückgeht, denn in der Nacht vom 5. auf den 6. Januar wurde im ägyptischen Alexandria der Geburtstag des Gottes Äon, des Gottes der Zeit und der Ewigkeit, begangen, bei dem feierlich Wasser aus dem Nil geschöpft wurde. Auch bei den Germanen war dieser Tag ein wichtiges Datum. Mit ihm endeten die „Julzeit" und die „Raunächte", in denen böse Dämonen ihr Unwesen trieben.

Am 6. Januar wird auch des Weinwunders bei der Hochzeit zu Kana gedacht, weil nach heidnischen Vorstellungen in der Nacht vom 5. auf den 6. Januar aus manchen Quellen Wein fließt, was auch noch in manchen Volkssagen zu finden ist.

Der 6. Januar stellt in seinem Ursprung die Taufe Jesu in den Mittelpunkt und leitet sich wie erwähnt von dem Brauch her, am Fest des Gottes Äon Wasser aus dem Nil zu schöpfen. Aus einem zunächst heidnischen Festtag, der angesichts des Sonnendurchgangs am Teufelsloch vermutlich besonders in der Region am Untersberg gefeiert wurde, kam nun die Möglichkeit zur willkommenen Umdeutung bzw. Christianisierung.

Auch die Deutung von Georg Rohrecker zu den Insignien der Heiligen Drei Könige C+M+B wird in diesem Zusammenhang interessant, könnte doch auch hier die Umdeutung am 6. Januar von den einst heidnischen Wildfrauen und Priesterinnen der Percht zu Katharina, Margaretha und Barbara (als die „heiligen drei Madln" bekannt) erfolgt sein. Der neben dem Teufelsloch liegende Dreisesselberg bekommt in dem ganzen teuflischen Namensreigen (Teufelshörner, Teufelsschlucht,

Faszinierendes Schauspiel: der Sonnendurchgang im Münster von Sankt Zeno (Bad Reichenhall).

Der „Sonnen-Altar" im Münster von Sankt Zeno.

Teufelsloch) im Lattengebirge eine Deutung als Sitz der Drei Saligen (Steinerne Agnes, Schlafende Hexe, Teufelsloch).
Nach dem Gregorianischen Kalender wurde schließlich der Sonnendurchgang in Sankt Zeno zu einem weihnachtlich Phänomen: Am 24. Dezember ab 15:15 Uhr beginnt sich der vom Sonnenlicht beleuchtete Hauptaltar langsam zu verdunkeln, bis das Licht um 15:30 Uhr erlischt – die Sonne verschwindet in diesem Moment ganz hinter dem Müllnerhorn, es ist Heiliger Abend. Es scheint, als hätte in diesem Moment jemand das Licht ausgeknipst!

Des Geldes wegen wird Raubbau, um nicht zu sagen perverse Naturkraftverschwendung getrieben. Das gibt eine Zukunftswüste, für die einige Geviertkilometer Naturschutzpark kein Ersatz sein können.

Peter Rosegger

Die „versiegte" Heilquelle

Bild rechts: Am Brunnen von Veitlbruch herrschte bis zum Sommer 2010 immer reger Andrang.

Ich habe mich gefragt, ob es Sinn ergibt, über einen Kraftort zu schreiben, dessen *Genius Loci* („Geist des Ortes") sich zurückgezogen hat. Ich habe mich schließlich dennoch entschlossen, darüber zu berichten, denn es macht deutlich, was passiert, wenn Menschen die Urkraft der Natur ausbeuten, ohne „Danke!" zu sagen oder gar daraus noch einen Gewinn erzielen wollen. Noch dazu bei einem Heiligen Berg werden solche Vorkommnisse nicht ohne Folgen bleiben. So geschehen bei der „Quelle" am alten Marmorsteinbruch der Römer, am sogenannten „Veitlbruch" nahe Fürstenbrunn im Salzburger Land.

Die Marmorsteinbrüche am Untersberg liegen zwischen 550 m und 750 m Seehöhe. Schon in der Römerzeit wurde hier der Marmor abgebaut und noch bis zum heutigen Tag zeigen sich am nordöstlichen Ausläufer des Untersberges große Wunden durch den Gesteinsabbau.

Beim ältesten Marmorbruch, dem Veitlbruch, dessen Abbau erst 1919 eingestellt wurde, stand ein steinerner Brunnentrog. Das hier über eine Rohrleitung einfließende Wasser galt lange Zeit als heilkräftig. Da unmittelbar neben dem Brunnen die Fahrstraße Fürstenbrunn/Großgmain, die sogenannte Glanegger Landesstraße, entlangführt, blieben hier viele Autofahrer stehen, um das Wasser zu entnehmen. Doch diese verlockend einfache Entnahme führte teilweise zu Wartezeiten am Brunnen, da viele Wassertrinker mit großen Abfüllbehältern (Flaschenkisten, Glasballons, Kanister) kamen, ja sogar die Tanks von Wohnmobilen konnten hier bequem aufgefüllt werden, wenn man einen kurzen Schlauch mitbrachte.

Bezeichnenderweise gab es an dieser „Wasserquelle" keine Zeichen des Dankes zu finden. Der Brunnentrog wirkte kalt und wenig einladend. Niemand schien hier Geschenke oder Opfergaben zu hinterlassen, ganz zu schweige davon, dass sich jemand um diesen Ort kümmerte oder ihn pflegte. Es gab nur touristische Hinweise auf den Marmorabbau der Römer und archäologische Funde aus der Römerzeit.

So kam mir auch zu Ohren, dass das Wasser von (Untersberg-)„Zeitgenossen" in großen Mengen abtransportiert und in Bad Reichenhall verkauft worden ist.

Konsum, Kommerz, Raubbau – noch dazu auf energetischer Ebene, galt doch dieses Wasser als heilkräftig, was mir Menschen, die ich dort beim Abfüllen traf, bestätigten, die sogar weite Anfahrtswege in Kauf nahmen.

Eines Tages im Herbst 2010 rief mich ein Freund an, der immer wieder an dieser „Quelle“ vorbeikam, und fragte mich, ob ich wüsste, was dort geschehen sei. Der Brunnen sei demontiert worden. Der Trog stehe nicht mehr am ursprünglichen Platz und das Rohr sei aus seiner Wasser zuführenden Lage herausgerissen worden.

Eine Nachfrage beim „Untersbergpfarrer“ brachte schließlich die Erklärung. Ein Wasserzapfer, der seit einiger Zeit das Wasser von dort holte, litt immer wieder an Magen-Darm-Erkrankungen und ließ es daher bei einem Salzburger Lebensmittellabor untersuchen. Dort wurden Fäkalkeime im Wasser festgestellt. Warnhinweistafeln der Gemeinde Grödig wurden nicht beachtet bzw. sogar von Unbekannten demontiert. Schließlich ließ der Grundbesitzer, eine Grödiger Firma, den Brunnen stilllegen.

Hatte der Wassergeist sich aufgrund der Herzlosigkeit bei seiner Nutzung dadurch zurückgezogen, dass er sein Wasser unbrauchbar machte?

Es gab Stimmen, die kritisierten, dass das Wasser nur im Brunnen selber getestet worden sei, nicht jedoch an seiner Quelle selbst. Und die liegt nun tatsächlich oberhalb im Wald. Der Zulauf über einen Waldbach mag durchaus von Wild verunreinigt worden sein, die tatsächliche Quelle mag aber rein und weiterhin kraftvoll erscheinen. Doch sie muss erst mal erreicht werden, ohne Weg und über Stock und Stein.

Noch bevor ich über die Vorkommnisse Bescheid wusste, bereiste ich schamanisch den Quellgeist. Er sprach von der Herzlosigkeit der Menschen, die sein Wasser holten und es sogar verkauften. Er hatte sich aufgrund des zunehmenden Raubbaus zurückgezogen. Er sprach allerdings auch davon, dass heilsuchende und mitfühlende Menschen ihn weiterhin finden würden, wenn sie sich nur etwas anstrengten.

Wie Quellen aussehen können, wenn sie einen Hüter besitzen und gehegt und gepflegt werden, beweist am Untersberg die Quelle in der Almbachklamm (S. 147 f.).

> Die Vorstellungen der Aborigines erinnern an
> das magisch-religiöse Weltbild,
> das seit Urzeiten das Leben im Alpenraum bestimmt.
>
> *Kurt Lussi (Schweizer Volkskundler)*

Die „Uluru-Connection“

Die Leyline Untersberg–Uluru – ein geomantischer Vergleich zweier heiliger Berge

Den Untersberg überspannt ein Erdenergienetz, das sich in der Sage von Lazarus Gitschner und den 12 Untersbergkirchen manifestiert hat. Der globale Verlauf von Leylines macht auch einen Vergleich mit einem weiteren Heiligen Berg auf der anderen Seite *(down under)* unseres Mutterplaneten möglich. Der Entdecker William Gosse benannte den Berg nach einem damaligen Premierminister *Ayers Rock*. Er heißt in der Sprache der Aborigines „Uluru“ und dieser ursprüngliche Name setzt sich heute wieder stärker durch.

Steckt im gleichen Anfangsvokal beider Bergnamen bereits Bedeutungsvolles?

Die Rune UR als phonetische Wurzel steht für die Urkraft, den Urschoß, die Urmutter und damit für die Erdmutter. Dies weist bereits auf die ursprüngliche Bedeutung dieser Heiligen Berge hin.

Beide Berge besitzen schon im Äußeren eine starke Ähnlichkeit. Sie sehen dem menschlichen Herzen sehr ähnlich. Dabei entsprechen die Herzkapillare des menschlichen Organs den stark ausgeprägten Schichtungs- und Verwerfungszonen dieser Berge. Und der äußere Vergleich mit dem Herz setzt sich auch im Inneren fort. Der Untersberg gilt als ein Herzchakra der Erde, der Uluru symbolisiert das Herz Australiens. Darüber hinaus verkörpert der Uluru das Solarplexus-Chakra der Erde.

Wie unten so oben – auch dieses kosmische Gesetz spiegelt sich in den beiden Bergriesen wider. Der Untersberg liegt auf der oberen und der Uluru auf der unteren Hälfte der Erdkugel. Sie stehen sich diametral gegenüber. Und dies lässt sich auch in ihren Mythen wiederfinden. „Unten“ auf der Erde am Uluru finden wir den Schöpfungsmythos von der Regenbogenschlange und „oben“ auf der Erde am Untersberg findet sich der Endzeitmythos von Kaiser Karls letzter Schlacht, die ich auf unsere Zeit interpretiert habe (siehe S. 137).

Der australische Kontinent ist dem Mythos der Aborigines zufolge durch das Wirken der Regenbogenschlange – einer Naturgottheit –, die tief aus der Erde emporstieg, entstanden. Die Mutter des Lebens, wie sich auch genannt wurde, formte bei ihrem Aufsteigen in der

Traumzeit (der Schöpfungsphase) das Land und damit den Uluru. Sie ist zugleich eine jener *creative ancestors* der schöpferischen Ahnen der Traumzeit, die mit ihrer Kraft und Weisheit die Welt erschaffen haben. Sie gehört zu den zentralen Mythen der australischen Schöpfungsgeschichte und besitzt sowohl menschenfreundliche als auch strafende Aspekte.

Ist nicht auch der Untersberg der einzige mitteleuropäische Toten- und Ahnenberg?

Kennen wir im Alpenraum nicht die zwei Gesichter der Percht? Die Schönpercht und die Schiachpercht, die belohnende und die bestrafende Muttergottheit der Kelten? Als Bergmutter wurde sie von unseren Vorfahren verehrt, als Urmutter – wie die australische Regenbogenschlange. In vielen Wildfrauensagen des Untersberges finden wir jene belohnenden und bestrafenden Aspekte wieder. Die Wildfrauen sind im Alpenraum auch als die Drei Bethen (Ambeth, Borbeth, Wilbeth) oder die Drei Saligen bekannt, sind die Priesterinnen der Percht und stehen für die dreifache keltische Muttergöttin, die Fruchtbarkeit, Heilung und Wiedergeburt symbolisierte, das Rad des Lebens. Der australischen Regenbogenschlange Wanambi, wie sie auch genannt wird, entspricht im alpinen Raum Ambeth – eine der Drei Bethen. Ein Symbol Ambeths ist die spiralenartig dargestellte Schlange (!) des ewigen Lebens.

Der Uluru wird im Mythos in zwei Hälften geteilt, in die Sonnenaufgangsseite und die Sonnenuntergangsseite. In der trennenden Mutitjulu-Schlucht liegt die Heimat Wanambis.

Auch am Untersberg gibt es mythologisch bedeutungsvolle Sonnnenaufgangs- und untergangsseiten: die Ostflanke mit dem Drachenloch, den Frauenwänden und dem Zeitportal Ost, das mit der Sage von der verschwundenen Hochzeitsgesellschaft bei Grödig, mit Ingomar von Lex' Zeitreise (siehe S. 64) und Dr. Hartmanns Reise zum Drachenloch und dem Inneren des Untersberges (siehe S. 67) in Verbindung steht.

Und die Westflanke mit dem Nixloch, dem Felsentor (Frauenloch?) in der Gurrwand, der legendären „Eisernen Thür" und dem Zeitportal West.

Der Mutitjulu-Schlucht entspricht am Untersberg die Mittagsscharte mit dem Mythos vom Zeitportal (siehe S. 74) und der Sage vom Steine werfenden Riesen Abfalter, der dadurch Hügel für die späteren Ortschaften Gois, Wals und Liefering entstehen ließ. Riesen waren nach dem Keltenfachmann Georg Rohrecker einstige Gottheiten und Abfalter nicht nur ein Schöpfergott, sondern auch ein Begleiter in die Anderswelt des Untersberges. Laut Sage soll er in der Mittagsscharte – jener „riesenhaften" Scharte, die den Untersberg zu teilen scheint – seine Schlafstatt haben.

Die Göttinnen Ambeth und Wanambi, die Mutitjulu-Schlucht und die Mittagsscharte, der Schöpfungsmythos in der Traumzeit und der Endzeit-

Luftansicht vom Uluru (Ayers Rock), Australien. Foto: Maurus Blank.

mythos mit den Zeitanomalien (siehe S 69): Analogien zweier Heiliger Berge, die miteinander in Resonanz stehen – die „Uluru-Connection".
Die letzte Schlacht führt ein sagenhafter Kaiser Karl symbolisch für die Kinder von Mutter Erde gegen die Natur. Klimawandel, Treibhausklima, Zwischeneiszeit, Klimakatastrophe, Waldsterben stehen dafür als Synonyme.
Während am Uluru die Traumzeit beginnt und sich von ihm aus die Songlines netzförmig verteilen, wird auch der Untersberg von einem Erdenergienetz überzogen. Hinweise darauf finden sich in der Lazarus-Gitschner-Sage mit den 12 Untersbergkirchen.
Bei einer Kartographierung vor der Südwestspitze Australiens wurde im Mai 2006 ein Monolith entdeckt, der dem Uluru in Größe, Länge und Form gleicht. Der Entdecker benannte diesen nach seiner deutschen Frau: Gabi.
Auf der Verbindungslinie (Leyline) der beiden Berge liegt in der Mitte ein weiterer Heiliger Berg: der Adams Peak in Sri Lanka.

Die Rojenice sind drei schöne, weiß gekleidete Bergfrauen, die manchmal in die von Menschen bewohnten Täler hinabsteigen, wenn dort ein Kindlein geboren wird.

Slowenische Sage

Untersberg-Schwester: Petzen (Kärnten/Slowenien)

Auf den Vergleich zwischen Untersberg und der österreichisch-slowenischen Petzen bin ich durch den „Untersberg – The Mystery Mountain"-Thread im amerikanischen *AboveTopSecret*-Forum gestoßen. In diesem Forum wird das weltweite Interesse am Untersberg deutlich. Der Thread begann am 24. August 2008 und bis heute (16. November 2010) hat er 730 Antworten und innerhalb von zwei Monaten 80.000 Zugriffe.
Bei Wikipedia ist zur Herkunft des Namens „Petzen" nachzulesen: *Der Name Petzen soll sich von einem althochdeutschen Frauennamen ableiten. Im Namen selbst findet sich aber auch das slowenische Wort pe (Fels, Höhle oder Ofen).*
Sagen zufolge soll auf dem Petzenstock einst die Anführerin eines Totenheeres umgegangen sein. Im Inneren des Berges soll demnach auch König Matthias Corvinus mit seinen Getreuen auf eine Weltschlacht warten, ähnlich wie Kaiser Barbarossa im thüringischen Kyffhäuser … oder Kaiser Karl im Untersberg – auch Barbarossa wird ja häufig als Untersbergler dargestellt. In den Sagen heißt es:
Wenn sich sein Bart neunmal um den Steintisch herumwickelt, wird er erwachen. Dann sollen die guten alten Zeiten wieder zurückkehren. Der König Matja (Matthias) wird mit seinen Soldaten alle Feinde besiegen, das Unrecht von der Welt vertreiben und erneut die Herrschaft antreten.
Extrem spannend – heißt es doch vom Kaiser Karl im Untersberg, wenn sich sein Bart dreimal um seinen Steintisch gewickelt hat, wird er mit seinen Soldaten zur letzten Schlacht aus dem Berg kommen ... dann, wenn in seinem Volk die Not am größten ist. Mir fallen dazu Begriffe wie Weltwirtschaftskrise und Klimawandel ein. Und in den Sagen heißt es, dass sein Bart schon zweimal um den Tisch gewachsen sei ...
Andere Mythen befassen sich mit der Anführerin eines Totenheeres, die sich angeblich in der Petzen aufhalten soll.
Wir kennen das Totenheer vom Untersberg als die Wilde Jagd, in der die Percht umherzieht. Relikte eines heidnischen Brauchs mit dem Glauben an die Berggöttin Percht. Die Percht gilt als Schicksalsfrau und Seelenbegleiterin. Die Drei Bethen sind die Priesterinnen der Percht. Ein Sprachforscher führt den Namen „Petzen" auf einen altdeutschen Frauennamen zurück. Ich vermute eher den Zusammenhang

mit den Bethen (Petzen), was die Bedeutung der Petzen als Ahnen-/Seelenberg unterstreicht und damit auch die Gemeinsamkeit mit dem Untersberg.
Die Peca ist das höchste und mächtigste Gebirge auf der slowenischen Seite der Karawanken. Es hat die Form einer Hochebene – wie der Untersberg.
Beide sind übrigens Berge, die von Nationen-Grenzen durchzogen werden: Untersberg (Bayern/Österreich), Petzen (Österreich/Slowenien).
Im ATS-Forum ist Folgendes zu lesen:
Interstingly, this is the same legend that surrounds the Untersberg, except the name of the „sleeping" saviour of the people is different. The details are the same – the beard growing round the table, the men with him, waking up and bringing renewed hope to the people. Even the legend of a tree. In the Untersberg legend, it is Kaiser Karl, or Charlemagne. I believe it's quite common for similar legends to develop. We discussed this earlier in the thread.
Interesting to see the shape of the mountain too ... not dissimilar to the Untersberg. Do you know if it is a geomagnetic „hotspot"? (Zitiert mit freundlicher Erlaubnis von Gary Jones, Vereinigte Arabische Emirate)

Beim Mythenforschen stieß ich in Slowenien auf die Drei Bethen:
Die Rojenice, drei schöne, weiß gekleidete Frauen (Schwestern) sind die Schicksalsgöttinnen der Slovenen. Sie wohnen hoch oben im Gebirg und schützen, gleich den saligen Fräulein der deutschen Alpensage, die Armen und Bedrängten. Zuweilen erscheinen sie auch im Tal und stehen verlassenen Frauen in der schweren Stunde bei. Sie kommen in der Nacht, um dem neugeborenen Kind sein künftiges Schicksal zu bestimmen (Quelle: http://gutenberg.spiegel.de)
Diese Rojenice heißen übrigens im Slowenischen auch *Bele Zene* – damit sind wir noch näher am Namen „Petzen".

Die Untersberg-Schwester Petzen.

Irrblöck rings und finst're Tannen,
Römerschanz und Burgruin,
Unter Farn das dust're Nixloch
Mit dem neck'schen Kobold drin.

Verfasser unbekannt

Das Nixloch

Im digitalisierten Text einer Volkskundezeitschrift von 1901 findet sich folgender Hinweis:
Es wären auch die Festungsmauern net zu'n derzwingen g'wen, wenn net oam-öl Oaner aus'n feindlichen Haufen den hoamlichen Gang ausgründen hätt', der von die Untersberger Manndl'n gegraben is und mitten in die Festung führt, da wo's **Nixloch** *liegt. Daraufhin is'd Festung zu Fall komma, aber die Manen siech ma noch stundenweil im Wald, do a Trumm an dort a Trumm; an bei der Nacht thuat'a oft noch an langgezognen Schroa, wie wenn die Wachtersleut' einand rufen thaten.*
Dazu findet sich noch folgender Hinweis: *Das zwischen den Resten der sehr ansehnlichen Hallthurmer Festungsmauern gelegene sogenannte* **Nixloch** *führt thatsächlich in einen unterirdischen Gang, durch den ein Erwachsener sich nur mühsam hindurchzwängen kann: doch ist derselbe jetzt teilweise verschüttet.* (Quelle: http://www.archive.org/stream/zeitschriftfrv11verbuoft/zeitschriftfrv11verbuoft_djvu.txt)

Hinter den Festungsmauern von Hallthurm, auf südlicher Seite, liegt das Nixloch.

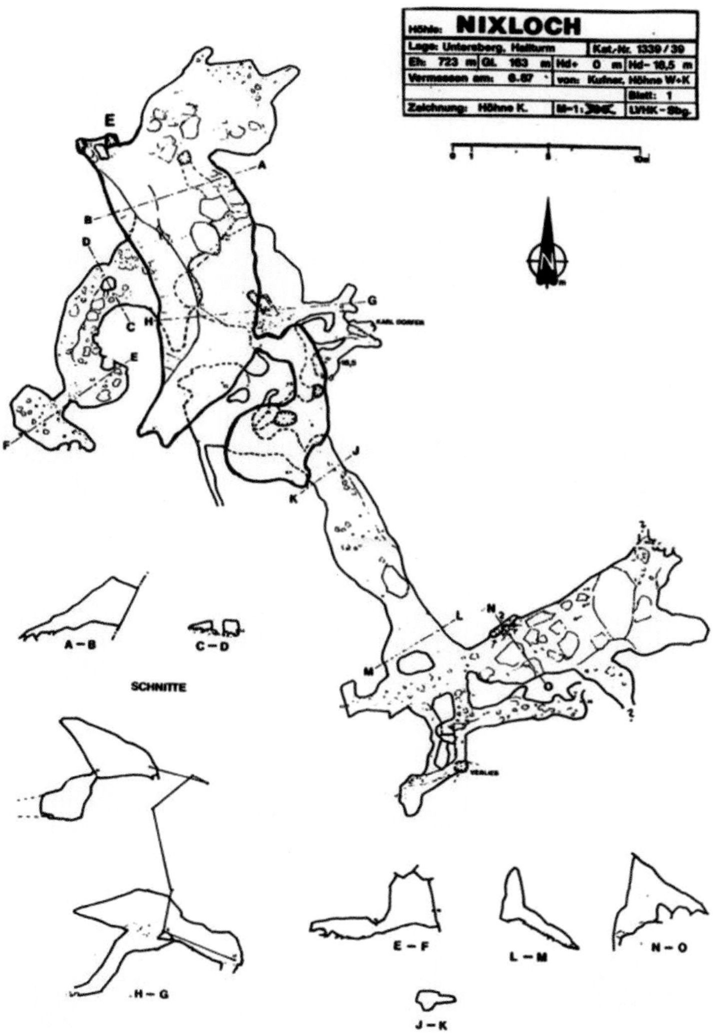

Der Höhlenplan vom Nixloch von Kristian Höhne.

Ein mir bekannter Speläologe (Höhlenforscher) – Kristian Höhne – stieg 1987 in das altbekannte Nixloch ein und entdeckte dort weiterführende Gänge (siehe Höhlenplan von Kristian Höhne oben). Ich bin als Jugendlicher öfter selber in die Höhle eingestiegen – eigentlich war es meine erste Höhle, die ich befahren hatte, wie es in der Höhlenfachsprache heißt. Es war damals Abenteuer pur. Ich kenne also diese engen Gangbereiche, von denen man früher meinte, dass es da nicht weitergehen würde.

Ich kann mich an eine Definition des Namens *Nix* erinnern, der für *Bergmilch* steht. Es ist dies eine weiße Kalzitablagerung, die besonders im Mittelalter und noch bis ins 18. Jahrhundert in der Volksmedizin als Heilmittel sehr begehrt war. Das „Höhlen-Nix“ konnte man sogar in der

Der Eingang des Nixlochs.

Apotheke kaufen. Man verwendete es als Heilerde und machte damit Umschläge. Auch bei entzündeten oder sonst wie erkrankten Augen soll das „Nix" geholfen haben. „Nix ist gut für die Augen", sagte man daher früher gerne als Scherzantwort, wenn eine Frage mit „nichts" beantwortet wurde. Heute ist diese Redensart so gut wie abgekommen. (*Quelle: http://root.riscompany.net/riscompany/navigation*)

Aus dieser Höhle soll also Bergmilch abgebaut worden sein – als ein vorzügliches Heilmittel der Natur. Und der *Bergnix* wachte darüber. In *Wikipedia* ist über den Begriff *Nixen* zu lesen:

Der Name kommt vom althochdeutschen nihhus, niccus oder nichessa, was jeweils Wassergeist bedeutet. Eine andere etymologische Ableitung führt ihn auf das lateinische necare (= „töten") zurück.

Nixe ist die weibliche Form, daneben gibt es auch den männlichen Nix, der je nach Dialekt auch als Niss, Neck oder Nöck bekannt ist und häufiger als Wassermann (siehe da) bezeichnet wird. Charakteristisches Merkmal der Nixen ist, dass sie den Menschen Gefahr, Schaden und Tod bringen.

Der Nix – der Untersbergmann?

Die Untersbergler werden in den Mythen ja häufig mit dem Tod in Verbindung gebracht – als Zug der „armen Seelen", als Zug der Verstorbenen, denen man besser aus dem Weg gehen sollte.

Vielleicht mischen sich hier Mythos und Bergmilchgewinnung. Jedenfalls hat mich der Hinweis auf den Tunnelbau von den Zwergen sehr

stutzig gemacht und an das erinnert, was Heide Göttner-Abendroth über das „alte Volk" am Untersberg (siehe S. 51) schreibt, das hier seinen Rückzugsort gefunden hätte. Das „alte Volk" hatte enormes – wohl auch okkultes – Wissen. Vom Zeitportalmythos bei Hallthurm ist nur ein Relikt übriggeblieben, teilweise zu finden in dem oben angeführten Text und dem Rest einer Sage..
Befindet sich hier eines der Portale in ihr fantastisches Reich – vielleicht sogar in Verbindung mit der veränderten Zeit?
Als ich am 13. Dezember 2009 wieder einmal das Nixloch besuchte, stellte ich fest, dass aus dem Höhleneingang Nebel emporstieg.
Höhlenforscher Kristian Höhne hat dort ein Jahr lang Temperaturmessungen vorgenommen. Die Temperatur liegt ziemlich konstant bei knapp 10 Grad – auch im Winter. Daher also die Nebelbildung. Erstaunlich ist, dass die Temperatur auch im Winter so konstant bleibt, da die Höhle ja relativ klein ist (Ganglänge 163 m) und knapp unter der Erdoberfläche liegt. Irgendetwas ist hier eigenartig. In einem Zeitungsartikel des *Reichenhaller Tagblatts* vom 27. August 1987 werden Zeitsprungexperimente Erich von Dänikens im Nixloch erwähnt. Eigentlich handelt der kurze Artikel vom seltsamen Verschwinden dreier Münchner am Untersberg. Warum hat Herr Däniken ausgerechnet im Nixloch geforscht?

Ich fand ein Gedicht:
Altersgrau und sagumwoben
Blickt der Turm ins Land, ins traut',
Stolz und trutzig wie die Römer,
Die vor Zeiten ihn erbaut.
Irrblöck rings und finst're Tannen,
Römerschanz und Burgruin,
Unter Farn das dust're Nixloch
Mit dem neck'schen Kobold drin.
Und der Untersberg, der Riese,
Hallet weit das Echo nach.
Still! Du rufst im Felsenschloß
Sonst die Schar der Geister wach.
(Gedicht über Hallthurm von einem unbekannten Dichter)

Das dust're **Nixloch** *mit dem neck'schen* **Kobold** *drin …*
Also doch – der **Nix**, ein Kobold. Ein Zwerg. Ein **Untersbergmandl**!

Und nun noch eine Verbindung zu einem weiteren, nahe gelegenen Drachenberg: *In der Drachenwand am Fuschlsee gibt es eine Höhle, die* **Nixloch** heißt, weil darin die **Bergnixen** wohnen. (...) Die Nixen hüten große Schätze im Berg, *so auch Silber- und Goldstaub, den sie über ihr Haar streuen, wenn sie baden gehen.* (Quelle: http://austria-lexikon.at/af/Wissenssammlungen/Bibliothek)

„Der Eingang zum Nixloch liegt nördlich der Wildmoosalm in etwa 1100 m Seehöhe. Die Höhle ist etwa 50 m lang und soll schon im Mittelalter wegen ihrer Bergmilchlager (eine auch Nix genannte erdige Kalkverbindung) aufgesucht worden sein", liest man im Buch *Wundersames Mondseeland* von Anton Reisinger.

Die *Drachenwand* ist insbesondere durch das *Drachenloch* bekannt, das auch *Teufelsloch* heißt – ebenso wie das Teufelsloch im Lattengebirge. Dieses Felsenloch ist ein *Sonnenauge*. Eine neben der *Drachenwand* liegende Wand heißt – bezeichnenderweise – *Schatzwand*. Hier zeigt sich wiederum landschaftsmythologisch ein *Drachenberg*.

Die *Sonnenaugen* des Alpenraums stehen in Resonanz miteinander. Das *Teufelsloch* des *Lattengebirges* liegt dem *Schlafenden Drachen* (= *Untersberg*) gegenüber.

Zwei *Drachenberge* stehen somit durch ihre *Sonnenaugen* in Resonanz.

Die Fakten:

Die *Nixen* des *Drachenbergs* am *Mondsee/Fuschlsee* sind **Schatzhüter**.

Der/die *Nixen* des *Untersberges* sind **Schatzhüter**.

Mit Schätzen wird in den Mythen geheimes (okkultes) Wissen umschrieben. Ist dies das Wissen des alten Volkes, von dem Heide Göttner-Abendroth spricht?

Nixlöcher können somit Hinweise auf verborgene Eingänge zur Unterwelt/Anderswelt geben!

Die Sennerin und Sozialpädagogin Annemarie Hufnagl beschreibt in ihrer wunderbar humorvollen Bergsteigersprache ein geist-volles Erlebnis und ihren Schatzfund während einer Wanderung am Untersberg:

Annemarie Hufnagl: der Scheibenkaser unterhalb des Berchtesgadener Hochthrons.

War neulich mal wieder am Zauberberg und es war wie immer zauberhaft. Ein Geschenk des Spätsommers an den ausklingenden Herbst. Unt' spätsommerlich warm, om frühwinterlich weiß. Es ist der 17. November – 1 Tag nach dem Novemberneumond. Am Scheibenkaser ragten sie dolomitig auf, die Kalksteinriesen. An den aufgeheizten Südwänden (siehe Foto S. 108) tummeln sich Schwärme von Dohlen und die geflügelten Trabanten von Kaiser Karl. Am „Leiterl" wende ich mich Richtung Osten dem Gipfel zu. Es ist weit über Mittag. Da taucht plötzlich so ein dunkles Wesen vor mir auf. Kriecht am Boden entlang. Immer vor mir schleichend – geh ich schneller, geht es auch schneller. Geh ich langsam, tut's genauso. Bleib ich stehn, bleibt's auch steh'n. Närrisches Wesen, einem Gangerl gleich schaut's. Irrwitzig schleicht's immer voraus und dann samma am „Loch". Eigentlich will ich da gar nicht rein, zum Gipfel will ich – oder doch ins Loch? Stirnlampe auf, die ich wegen der frühen Dunkelheit dabeihabe, und absteigen ins Berginnere – Stufe um Stufe auf der Leiter wird's dunkler. Und da wird (m)ein narrisches Wesen von der Dunkelheit verschluckt. Bin noch geblendet von der Helligkeit, die mir vom Mittagsloch her am Höhlenausgang in der Wand entgegenstrahlt, indes fällt mein Blick auf eine rechteckige durchsichtige Plastikdose mit weißem Deckel. Gut unter einem Felsvorsprung deponiert. Mein Kopf vermutet: Brotzeitdose vergessen, schimmlige Jause inwendig. Meine Hände sagen: egal! Schnell aufmachen. Zum Vorschein kommen merkwürdige Sachen und ein Brief. So lese ich zuerst: „Barbarossas Vermächtnis." Lieber Finder, dies ist ein wieder verwertbarer Schatz. Du bist berechtigt etwas herauszunehmen, wenn dafür etwas Persönliches wieder hineingelegt wird. Oh! Eín Schatz. Was ich herausnehme, weiß ich gleich. Da ist ein Buch: „Das irdische Gleichgewicht" von Herbert Gruhl. Wie passend –

Annemarie Hufnagl: Erscheinung am Mittagsloch.

Regenbogen über dem Untersberg.

Linke Seite: Annemarie Hufnagl – Ausblick vom Mittagsloch Richtung Almbachklamm.

ich such schon so lange nach meinem irdischen Gleichgewicht. Nun hab ich's, wenigstens in Buchform. Aber was soll ich nur hineinlegen??? Meine Jause auf keinen Fall, die Wechselsocken auch nicht, mein verschwitztes Stirnband – pfui, meine Stirnlampe brauch ich noch. Bleibt nur noch einer meiner Schutzanhänger – jetzt trenn Dich schon!, ein anderer freut sich drüber – na also, geht doch. Grinsend den Abstieg genießend. Der Geist des Untersberges hat mich mal wieder beGeistert und reich beschenkt.

Am Scheibenkaser sitz' ich wie auf einem Thron, grüße die umliegenden Majestäten im Abendrot und blättere im „Irdischen Gleichgewicht", bevor auch mich die Dunkelheit einer Neumondnacht verschluckt.

Das Mittagsloch, von dem Annamirl Hufnagl in ihrer Geschichte erzählt, ist eine Durchgangshöhle, die eine ungewöhnliche Abkürzung auf dem Weg von Berchtesgaden zum Stöhrhaus darstellt. Als nicht unschwieriger Klettersteig ist dieser „Abschneider" durch die Unterwelt, bei dem man über eine Leiter das Mittagsloch auf Höhe des Stöhrhauses besteigt oder verlässt, jedoch nur geübten und erfahrenen Bergsteigern zu empfehlen. Er stellt nicht nur hohe physische Anforderungen an den Begeher, sondern kann einen unvorbereiteten Bergsteiger auch psychisch überfordern. So kam es im Sommer und Herbst 2009 im Bereich Mittagsloch zu zwei tödlichen Bergunfällen. Hier wird – nur um schneller voranzukommen – eine Abkürzung durch die Unterwelt genommen, also durch die Anderswelt, durch die Welt der Ahnen. Verirrte oder verlorene Seelen auf ihrem Weg in die Seelenwelt, in den „Seelenberg", können andere in ihrer Konzentration beeinträchtigen oder sie erschrecken und damit vom Weg abbringen. (Siehe dazu auch Margrit Bonhagens Arbeit für die verirrten Seelen auf S. 40)

Beseelte Kunst

KULTORT UNTERSBERG

36 Steine wollen wir legen
zu Ehren der Mutter – im Kreis.
Unsere Liebe wollen wir geben
Dem heiligen Berg – ganz leis'.

Rainer Limpöck

Kunst und Kult

Vorhergehende Doppelseite: Stefan Laug: Karuhu-Atanaam.

Im Jahre 2006, am 15. August, dem hohen Frauentag und Beginn des Frauendreißigers (30 Tage des Kräutersammelns), installierte ich am Untersberg in einer Höhle namens „Steinerner Kaser" bei der Mittagsscharte einen Steinkreis (siehe dazu *Zauberkraft der Berge*, Seite 161 ff.). Ich tat dies im Bewusstsein jenes Zeitportals, das sich dort alle paar Jahre zum 15. August öffnen soll. Die Installation war zugleich eine Kontaktaufnahme mit dem Untersberggeist und unser Geschenk an ihn – ein Steinkreis in Form des keltischen Kreuzes, des keltischen Lebensrads. In ihm finden sich alle Aspekte des Lebens, der Natur, der Schöpfung und der göttlichen Kraft wieder. Dieses Ereignis veränderte mein Leben. Wie ich auf meiner Armbanduhr nach Rückkehr von der Mittagsscharte an der Hochalm feststellen musste, hatte ich Zeit verloren – eine ganze Stunde. Zugleich gab meine Uhr – im wahrsten Sinne des Wortes – den Geist auf. Eine Reparatur schien nicht mehr lohnenswert und dies war zugleich der Moment, wo ich mich vom „Zeitdiktat" verabschiedete: Ich führe seitdem keine Uhr mehr bei mir.

In jener Zeitverlustphase bat ich damals meine Partnerin, meine Frau zu werden. Wir standen unterhalb des Salzburger Hochthrons und sie sagte „ja". Ein anderes keltisches Symbol, nämlich das Triskel, hatte uns einst zusammengeführt. Die Kraft jener Ursymbole schien unser Leben zu begleiten. Aus der spirituellen Bedeutung der Dreifaltigkeit wurde in den Folgejahren eine kleine Familie (Vater, Mutter, Kind).

Was ich damals noch nicht wusste – knapp zwei Monate vorher, am Johannistag, dem 24. Juni, hatte Stefan Laug, ein Künstler aus Baden-Württemberg, auf der Hochfläche des Untersberges ebenfalls ein keltisches Kreuz installiert.

Während wir das keltische Lebensrad mit 36 Steinen legten, formierte er es mit 159 Butterlichtern und nannte diese Performance „Kathal – der Mitternachtsberg".

Während wir den spirituell bedeutenden 15. August – Maria Himmelfahrt – gewählt hatten, arbeitete er am Johannistag; in der Nacht darauf brannten im Alpenraum wie immer die Sonnwendfeuer. Die einstige große Bedeutung der Sommersonnenwende wird durch diese christianisierten „Johannisfeuer" weiter lebendig gehalten.

Während wir im Süden des Berges am Steinkreis ritualisierten, tat Stefan Laug dies an seinem Lichterkreis im Norden.
Während wir Steine in der Höhle im Dunkeln setzten und schließlich das Licht durch ein unerwartetes Sonnenlichtphänomen im Höhleninneren erhielten, stellte er Butterlichtlampen auf und entzündete sie beim Hereinbrechen der Dunkelheit der Johannisnacht. Solch spirituelle Aktionen mit den Erdenergien und den kosmischen Kräften rufen Resonanzen hervor.
Ein Jahr später – wieder um die Sommersonnenwende –, am 16. Juni 2007, installierte Stefan Laug zu Füßen des Untersberges auf der Westseite an einem weiteren magischen Kraftort bei Bayerisch Gmain, einem Grabhügel, wo das Sonnenauge des Lattengebirges – das Teufelsloch – aktiv ist, ein dem keltischen Triskel nachempfundenes Projekt zur „Befreiung der Einhörner" im Untersberg. Er nannte es „Karuhu-Atanaam – Die Drei Spiralen".
Analog dazu – und wieder wussten wir beide nicht von unseren Aktionen – begab ich mich am 15. August 2007 mit einer Gruppe auf der Südseite des Untersberges in die Almbachklamm zur Irlmaiermadonna, um die im letzten Jahr begonnene Steinkreissetzung auf dem Berg mit einer Steinkreissetzung zu seinen Füßen abzuschließen.

Der Steinkreis in der Almbachklamm.

Stefan hatte mit seinem Projekt einen der magischsten Plätze im Tal gewählt und ich mit der Heilquelle bei der Irlmaiermadonna einen ebenso bedeutungsvollen Ort.
Erst beim Schreiben an diesem Buch fallen mir nun beide Analogien auf. Ich bin aufgewühlt, gehe sofort zu meiner Frau Martina und erzähle ihr davon, denn schließlich war sie immer dabei und hat Anteil an all diesen Resonanzen. Der Untersberggeist hat uns geführt – mich und Stefan. Jeder hat auf seine Art mit ihm agiert.
Während Stefan als Solokünstler tätig war, arbeitete ich mit anderen Menschen zusammen – allerdings ergab sich hierbei ein weiterer Zufall. Das keltische Rad baue ich in der indianischen Tradition mit 36 Steinen. Sowohl im Steinernen Kaser als auch in der Almbachklamm kamen exakt 36 Menschen zusammen. Ich hatte zu beiden Aktionen per Rundbrief eingeladen und konnte nicht wissen, wie viele Mitbauer am Steinkreis dann tatsächlich zusammenkommen würden.

Untersbergmedizinrad zu Maria Himmelfahrt

Ein Himmelfahrtstag im Jahre 2007 – ein Tag, an dem die Wettergeister im Berchtesgadener Land gute Laune hatten.
Und für mich stellte sich wieder mal die Frage, wie viele Menschen werden meiner Einladung zu einer Installation eines Keltenrades zu Füßen des Untersberges folgen. Als wir genau vor einem Jahr in einer Höhle der legendären Mittagsscharte unseres Heiligen Berges jenen alpinen Steinkreis bauten, fanden sich zu Beginn exakt 36 Menschen ein.
36 Menschen für 36 Steine!
Und dieses Resonanzphänomen wiederholte sich dieses Jahr wieder!
Doch es gab noch ein weiteres besonderes Erlebnis. Während ich die letzten Meter durch den Almbachwald schritt und bereits in Sichtweite der Madonna war, sah ich auf einer der Ruhebänke einen Mann sitzen. Zunächst spekulierte ich noch, doch meine Vermutung stellte sich bald als richtig heraus. Jener letzte noch lebende „alte Wissende" um die Geheimnisse dieses Kraftortes mit seiner Heilquelle war es. Und da ich ihn bisher nur telefonisch kannte, sollte ich ihn nun persönlich kennen lernen.
Er wusste nichts von meinem Aufruf zum Medizinradbau bei der Madonna, aber er hatte gespürt, dass an diesem Tag jemand kommen sollte, für den er die wahre Geschichte mitgebracht hatte. Ja, er hatte tatsächlich Fotos von den Ursprüngen des Ortes und weiteres schriftliches Material dabei. Schließlich erklärte er sich bereit, unsere Pilgergruppe zu informieren. Er sprach über die Visionen seines Freundes Eugen Köberle (siehe S. 147), der die Heilquelle im sumpfigen Ufergelände des Almbachs fand und ausgrub. Sie bauten schließlich gemeinsam die Quellfassung und einen Kräutergarten.

Vieles an dieser wundersamen Geschichte ist wohl kaum für die Öffentlichkeit bestimmt und wird daher von mir auch nicht weiter ausgeführt. Der „Wissende“ klärte uns auch darüber auf, dass eben nicht der berühmte bayerische Seher Alois Irlmaier den Platz gefunden hatte, wohl aber eine ihm überlassene Madonna an den Kraftortfinder weitergab und dieser sie an jenen Ort brachte. So kam es zum Namen „Irlmaiermadonna“.
Er sprach – sichtlich ergriffen – von Wundern und Heilung in Zusammenhang mit dem Ort und ein Funke schien auch auf die Gruppe übergesprungen zu sein.
Konnte vor dem Medizinradbau etwas Schöneres passieren, als dass wir mit dem guten Geist und den Visionen des Ortes vertraut gemacht wurden?
Inzwischen war es Mittag geworden: die heilige Zeit am Maria Himmelfahrtstag am Untersberg, von der die Sage berichtet, dass sich dann ein Zeitportal öffnet. Letztes Jahr erstrahlte die Höhle Steinerner Kaser in einem goldenen Licht – wundersam ... aber letztlich doch erklärbar durch die unscheinbare Deckenöffnung der Höhle, einen sogenannten Tagschlot.
Ich selber geriet damals aber in eine Art Zeitsog, der mein weiteres Leben nachhaltig beeinflusste, und ich bin unendlich dankbar für dieses Geschenk des Himmels.
Die eigentliche Installation des Keltenrades im Wald neben der Madonna verlief ruhig. Die Stein(wesen) schienen förmlich an ihren Platz zu fliegen. Der einzige Hund der Gruppe zeigte anfangs die typischen Resonanzreaktionen: Er bewegte sich exakt im Bereich des entstehenden Kreises, zeigte manchmal sogar den nächsten Steinplatz an, bis er am Ende des Baus friedlich an einem Baum neben dem Steinkreis schlummerte.
Ein Radiästhet begleitete die Installation und maß vorher und nachher das Kraftfeld, das sich deutlich spürbar aufbaute.
Es wurde gesungen, getönt und meditiert.
Nun liegt er dort – und wirkt –, der alpine Steinkreis – als Geschenk für Mutter Erde und unseren Heiligen Berg.

36 Steine wollen wir legen
zu Ehren der Mutter – im Kreis.
Unsere Liebe wollen wir geben
Dem heiligen Berg – ganz leis'.
Dort, wo die Steinmandl stehen
beim Almbach weit hinten
werden wir den Medizinweg gehen
und unser Heil finden.

Weißer Adler, Juli 2007

Kunst und Kult begegneten sich am Untersberg – wenngleich beide auch unabhängig voneinander wirken. Der Stuttgarter Künstler Stefan Laug wurde 1960 geboren und ist in Karlsruhe aufgewachsen. 1983 begann er sein Kunsterzieherstudium an der Staatlichen Akademie der Bildenden Künste Stuttgart. Sein Hauptfach war Werken mit anschließendem Beifach im Verbreiterungsfach Bildende Kunst/intermediales Gestalten. Seit 1987 gestaltet er Objekte, Installationen, Klangräume, Gesänge, Performances und Arbeiten mit Texten, Gedichten, Gebeten und Invokationen.
Seit 2006 stehe ich in einem Mailaustausch mit ihm, da mich seine Lichtarbeit an weltweiten Kraftorten begeisterte und er schließlich auch am Untersberg tätig wurde. Darüber schreibt er mir: „Ich bin Geomant und kenne mich mit den Verläufen von Kraftlinien (Leylines) und dergleichen sehr gut aus. Ich kann sie auch sehen.
Es ist mir kein Berg in Europa bekannt, der ähnliche Kräfte hätte wie der Untersberg, vielleicht der Dachstein, aber der ist dennoch ganz anders. Es sind ja auch die ungewöhnlichen Phänomene bekannt, dass Menschen am Untersberg verschwinden und irgendwo auf der Welt wieder auftauchen, das kennst Du gewiss auch. Darüber hinaus gibt es einige Stellen am Untersberg, an denen man leicht in andere Dimensionen tauchen kann. Ich habe sie noch nicht erforscht. Kennst Du diese Plätze?
Der Vergleich mit dem Uluru (siehe S. 99) ist passend, ich hatte sehr ähnliche Empfindungen dort wie hier, er ist ein mächtiger Bruder und hat auch eine große Heilkraft, die sich, wie ich hoffe und glaube, nun mehr entfalten können wird.
Der Untersberg und seine Bedeutung sind mir schon lange bekannt, auch der Wunsch dort oben ein Projekt zu verwirklichen ..., aber dieses Jahr (2006 – der Verfasser) kam nun die klare Vision dazu. Trotz lange anhaltendem Schnee hat es dann geklappt.
So kam das keltische Rad in dieser Vision zur Erscheinung, es ist ein besonderes und sehr mächtiges Zeichen. Ich kann sogar auch sagen, dass diese Aktion die energetisch stärkste wurde, die ich je durchgeführt habe. Auch wenn die Bilder durch den sehr unebenen Grund keine klare Geometrie zeigen, ist die energetische Entwicklung dieser Lichtarbeit enorm, ja fast wundersam, auch für mich. Es ist auch eine Arbeit geworden, die ich nur anzünden musste und dann ging's los, ohne dass ich weiter energetisch eingreifen musste ... auch eher selten ... fast unnahbar war diese Lichtaktion ...
Ich vergleiche den Untersberg gerne mit Uluru (Ayers Rock) in Australien, er hat ähnliche energetische Qualitäten und Besonderheiten, und ich bin überzeugt, dass der Untersberg einen der stärksten Mittler und Transmitter kosmischer Kräfte in Europa darstellt.
Jedoch musste ich auch erleben, dass um und im Untersberg viele dämonische Kräfte wirksam waren, auch im Zusammenhang mit dem Obersalzberg. Das scheint doch nun weitgehendst geklärt zu sein."

Untersberg-Medizinrad.

Kathal – der Mitternachtsberg

Zu dem gewählten Ort seiner Lichtinstallation auf der nördlichen Hochfläche des Untersberges schreibt Stefan Laug: „Was mich genau zu diesem Ort auf dem Untersberg geführt hat, ist die Tatsache, dass dort Leylines zusammenlaufen und dieser Ort so einer der wichtigen Punkte auf dem Untersberg ist."
Sein Gebet zu jener Aktion:

wo die Welten sich berühren und
wo der Kosmos die Erde nährt und trägt

wo Antworten in Fülle offenbar sind und
wo der Raum kein Maß besitzt

wo die Macht des Lichtes in alle Welten fließt
und Stille den Raum bestimmt

ich stehe vor dem Tor der Mitternacht
die alte Welt verlässt ihr Reich

endlich wendet sie ihren Lauf

Stilles Licht

der Berg liegt nun in der Macht des ewigen Lichtes
und die Erde folgt seinem Wandel

der Strahl des Lichtes fließt aus höchstem Quell
und sein reiner Fluss strömt in alle Elemente

die Macht der Finsternis ist gebrochen und besiegt

Stilles Licht

möge alles Leben in neuem Lichte erwachen
möge die Macht des Himmels alle Elemente befreien
möge der göttliche Traum von neuem erblühen

Stilles Licht

Neumond, 24. auf 25. Juni 2006
auf dem Untersberg bei Berchtesgaden, Deutschland
Ø Kreis 10,40 Meter (83 Butterlichter), Ø kleiner Kreis 5,50 Meter
(76 Butterlichter), Kreuz 42 Butterlichter
gesamt 201 Butterlichter, 26 kg Butter

Karuhu-Atanaam - Die Drei Spiralen

Zu Stefan Laugs zweiter Performance, die dieses Mal zu Füßen des Untersberges stattfand, möchte ich noch auf die geomantische Bedeutung dieser Lage direkt am Grabhügel in Hohenfried (Privatgelände) hinweisen: Im November ist am Grabhügel für drei Tage zum ersten Mal der Sonnendurchgang am Teufelsloch (siehe dazu auch „Die Zauberkraft der Berge", S. 115 ff.) im Lattengebirge zu sehen, ein zweites Mal kann man dieses Naturschauspiel im Januar beobachten, wenn der Sonnenzyklus zu Ende geht.
Das Gebet von Stefan Laug zu dieser Aktion:

der Schlüssel zur Wahrheit
ist die Reinheit
die Schwelle zur Wirklichkeit
ist die Unschuld

die Einhörner sind zurück in der Welt
in ihrer reinen goldenen Liebe
strahlt der Christus in alle Wesen

sie sind die Helfer des Lichtes
die Bewahrer der Reinheit
die Begleiter der Seelen
die Beschützer der Suchenden
und sie schenken kosmische Liebe

Stilles Licht

das Licht des reinen Herzens
ruft in jedem Menschen
es sehnt nach Offenbarung
und es sehnt nach Befreiung und Sein
es ist die einzige ewige Wirklichkeit

Stilles Licht

Stefan Laug: Kathal – der Mitternachtsberg.

Dieses Projekt hat alle Einhörner befreit, sie waren im Jahr 1532 durch Schwarze Magie gebannt worden. Gesamt 296.453 Einhörner, davon waren 183.442 Einhörner im Untersberg und 113.011 Einhörner in einem Schloss in Frankreich gefangen.
Noch eine Anmerkung zum Begriff „Einhörner": Er ist als Metapher zu verstehen, als künstlerisches Spiel mit einer Vorstellung.

Neumond 16. auf 17. Juni 2007
126, 107 und 105 Butterlichter, zusammen 338 Butterlichter
maximal Ø 22 Meter, Spiralen Ø ca. 11 Meter, 38 kg Butter
in Hohenfried zwischen dem Untersberg und dem Lattengebirge,
Bayerisch Gmain, Deutschland

> Nachdem wir in der Höhle die Blume aufgelegt hatten, hörten wir wiederholt ein tiefes Brummen.
>
> *Werner Neuner nach der Venusblumeninstallation in der Grasslhöhle*

Werner Neuner und die Venusblume in der Grasslhöhle

Vom früheren Orakelplatz am Untersberg, dem Karlsohr, blickt man bergaufwärts auf einen unscheinbaren Höhleneingang – die Grasslhöhle.

Eines Tages fragte ein Freund bei mir nach, ob ich jene Höhle kenne oder wüsste, was jener Steinkreis im Höhleninneren für eine Bedeutung habe. Er schickte mir Fotos und ich erkannte eine Art Blumenmuster in den gelegten Steinen. Ich kannte weder die Höhle, noch wusste ich etwas von diesem Steinkreis. Mir fiel allerdings sofort die Nähe zur Geisterhöhle (Froasenhöhle siehe auch S. 34) auf, die quasi eine Etage tiefer am Fürstenbrunner Brunnbach gelegen ist – und natürlich die unmittelbare Nähe zum Karlsohr und der Fürstenbrunner Quellhöhle. Hier treffen markante Eingänge zur Unterwelt aufeinander, alle mit mystischen und mythischen Hintergründen. Auch das nahe Zeitportal Ost (siehe S. 73), bei Grödig gelegen, macht die Bedeutung jener Region deutlich, auf die sich offensichtlich mancher Kontakt mit dem Untersberggeist konzentriert.

Schon bald kamen weitere Nachfragen bzw. Besuche der Grasslhöhle von mir bekannten Personen. Ein Kraftort soll hier entstanden sein – Meditationen sollen hier besonders wirksam sein.

Schließlich fand sich der Urheber für die Steinsetzung. Der österreichische Energiearbeiter, Naturwissenschaftler und Buchautor Werner Neuner berichtet auf seiner Website über sein Projekt „Venusblume“, mit dem er Mutter Erde mit der planetaren Wesenheit der Venus durch uns Menschen verbinden will. Eine Verbindung von Kosmos und Erde.

Eine analoge Verbindung finden wir am Westausläufer des Untersberges auf der Hochburghöhe zur Wintersonnenwende, wenn die Sonne durch das Teufelsloch auf die Hochburghöhe scheint (siehe S. 91). Und genau dort begegnete ich Werner Neuner zum ersten Mal im Dezember 2009, als er – wiederum durch andere – von jenem Naturschauspiel erfahren hatte und es zum ersten Mal persönlich erleben konnte. Von ihm erfuhr ich schließlich auch, dass er sich durch die in meinem ersten Buch erwähnte Herzform des Untersberges inspirieren ließ, die „Liebesblume“ am Berg zu legen. Die Höhle wurde ihm von einem anderen Untersbergkenner – Heinz Brodig – gezeigt.

Das Wasserschloss (Fürstenbrunner Quelle) mit dem Autor und seinem Sohn.

Nun wurden also zu beiden energetisch bedeutsamen Ausläufern des Untersberges, an der Sonnenaufgangs- und an der Sonnenuntergangsseite, in der Felsenhöhle Grasslhöhle und im Felsenloch/Sonnenauge des Lattengebirges (Teufelsloch) kosmische Verbindungen hergestellt – durch Menschenhand mit Werner Neuners Venusblume und auf natürlichem Weg durch den Sonnendurchgang beim Teufelsloch.
Menschen werden zur Venusblume in der Grasslhöhle gehen, Fragen stellen – und Antworten bekommen, so wie einst wenige Meter entfernt das Orakel Karlsohr Rede und Antwort stand – oder sie werden dort Kontakt mit den Untersbergern bekommen, wie es Michael Gentschy ergangen ist:
Anfang April 2010 besuchte ich gemeinsam mit einem Freund die Höhle oberhalb der Fürstenbrunner Quelle. Wir brachten die durch den Winter etwas lädierte Venusblume wieder in Ordnung und machten ein kleines Ritual. Auf

Michael Gentschy: Eingang der Grasslhöhle.

dem Rückweg, etwa 20 Meter unterhalb des Karlsohres, blickte ich vom Steig nochmals zurück und hinunter in die wildromantische Klamm. Da fiel mir an der gegenüberliegenden Felswand in einer Art Höhle oder Grotte ein blassblaues Leuchten auf. Ich blickte genauer hin und sah ganz deutlich ein bläulich-violett leuchtendes Männlein in einer hellblauen bis weißen Aura stehen (ähnlich einer Gasflamme), das uns zuwinkte. Mein Begleiter blickte unabhängig von mir auch hinüber und nahm genau dasselbe wahr. Es war eine freundliche Erscheinung und wir winkten ihm zu.

Über seine Venusblume meint Werner Neuner: „Wagen wir es, die Erde als bewusste Wesenheit zu betrachten, als hochdimensionale Person, mit einem eigenen, großen Bewusstsein, mit Wünschen, mit Emotionen und einem eigenen Seelenplan.
Und reden wir mit der Erde. Wir erhalten Antworten! Und wir erhalten die Zusicherung, dass sie uns, die wir ‚ihre Kinder' sind, mit all ihren Kräften unterstützen will.
Wagen wir es auch, die Venus als Wesenheit zu betrachten. Auch hier erhalten wir Antwort, wie von einer Zwillingsschwester der Erde. Auch hier wird uns Hilfe zugesichert!

Filmteam bei Dreharbeiten am Eingang zur Grasslhöhle.

Jene Impulse, die sowohl von Mutter Erde als auch von der Venus kommen, aktivieren in uns selbst Erinnerungen an ein Friedenswissen und an ein Liebeswissen, das wir einst bereits erkannt hatten. Wenn nur ein einziger Mensch dieses Liebeswissen wieder lebt, verändert er damit die Welt!

Das Wechselspiel zwischen Venus und Erde erzeugt ein Frequenzmuster, das Harmonie, Schönheit und Liebe, aber auch Wandlung und Entwicklung begünstigt und initiiert. (…)

Die Frequenzmuster drücken sich durch die Fünfer-Struktur aus.

Auch auf der Erde selbst lassen sich die geomantisch kraftvollen Orte über Fünfer-Strukturen finden.

Und genau das hat mich auf die richtige Spur geführt, zur ‚Venusblume'. Diese Form, dieses Mandala ist eine fünffache Fünferstruktur. Sie besteht aus fünf (nicht sichtbaren) Kreisen, die sich nach den Regeln der ‚Heiligen Geometrie' im goldenen Schnitt vergrößern. Auf jedem dieser fünf Kreise liegen fünf Punkte. Verbindet man dann diese fünf Punkte miteinander durch fließende Linien, so entsteht diese Venusblume. (…)

Legt man die Venusblume an einem geomantisch wirksamen Punkt auf (am besten mit Steinen, die vor Ort gefunden werden), so entsteht allein dadurch schon eine positive Wirkung.
Die Wirkung der Venusblume besteht darin, dass wir durch sie die hilfreichen Kräfte der Venus einladen, im Einklang mit der Mutter Erde ins Bewusstseinsfeld einzustrahlen. Die Venusblume ist wie eine Empfangsantenne für die Venusfrequenzen. Diese strahlen an diesem Punkt ein und breiten sich von dort aus im gesamten Menschheitsbewusstsein aus.
Die Venusblume entfaltet dann ihre gesamte Wirkung, wenn sie bewusst initiiert wird. Dies geschieht, wenn mehrere Menschen dieses Mandala insgesamt fünf Mal die Linien entlang abgehen.
(...)
Die Venusblume entfaltet ihre Wirkung dann vollkommen, wenn wir den Einstrahlungspunkt, der durch die Venusblume entsteht, mit dem Herzen der Mutter Erde verbinden und ihn dort verankern.
Der Mensch wird dabei zum Übermittler.
Zum Übermittler der kosmischen Venusenergien an die Mutter Erde.
Der Mensch wird zu einer empfangenden und übertragenden Antenne.
Wir leiten die hilfreichen venusischen Kräfte durch uns hindurch und verbinden, verankern sie mit der Mutter Erde."
(Quelle: www.wernerneuner.net)

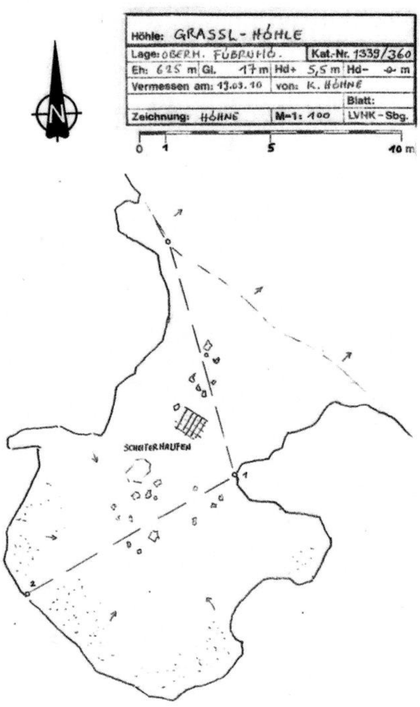

Kristian Höhne:
Plan der Grasslhöhle

Es geht davon die Sage, dass der, der daran horche,
in der Tiefe des Berges den Kaiser sprechen hören könne.
Im Karlsohr soll sich auch der Weinkeller Karls befinden.

Das Salzburger Sagenbuch zum Karlsohr

Karlsohr, die Orakelhöhle

Der Untersberg besaß zu keltischen Zeiten ein Orakel, das dem in Delphi sehr ähnlich gewesen sein muss. Wie Keltologe Georg Rohrecker ausführt, verrät der Name dieser „Karlsohr" genannten Höhle tatsächlich ihre wahre Bedeutung. Es ging hier um das Hören bzw. Zuhören. Sogar den schlafenden Kaiser Karl soll man der Sage nach aus der Unterwelt dieser Schachthöhle vernehmen können. Der wahre Kern der Karlsohrsagen vom „Weinkeller Kaiser Karls", dem Wahrnehmen des sprechenden Kaisers in der Unterwelt und der unterirdischen Verbindung der Höhle mit dem „Walser Birnbaum" und dem Salzburger Dom ist in der talnahen Lage der Höhle und dem Namensteil „Ohr" zu finden. Hilfesuchende hat es schon in der Frühgeschichte der Menschheit in die Berge gezogen, was die neuesten Forschungen zum Ötzi eindrucksvoll belegen. Auch das Orakel von Delphi liegt in einem Gebirge,

Michael Gentschy: Grasslhöhle mit Venusblume.

Schläft im Untersberg: Kaiser Karl wartet auf die Endzeit und seine Auferstehung. Gemälde von Jung-Ilsenheim. Salzburg Museum.

dem griechischen Parnass. Beim Untersberg unterstreicht die Nähe des Karlsohrs zur noch heute für die Salzburger Wasserversorgung wichtigen Fürstenbrunner Quelle die Bedeutung dieser Höhle. Quellheiligtum und Orakelstätte liegen so in unmittelbarer Nachbarschaft.
Die Antworten aus der Tiefe auf die Fragen und Bitten der antiken Untersbergwallfahrer wurden vermutlich von Priestern oder Druiden, die sich durch den Weingeist (ist im Mythos zum „Weinkeller" geworden) berauscht und in Trance gebracht hatten, übersetzt. Der Hinweis im Mythos auf die Verbindung des Karlsohrs mit einem Baumheiligtum (Walser Birnbaum, siehe S. 137) und dem Salzburger Dom (Salzburger Ur-Kultzentrum Katakomben) weist auf die energetische Verbindung von Kraft- und Kultplätzen hin.
Der alte Kultplatz Karlsohr hat sich heute nur wenige Meter weiter verlagert – wieder in eine Höhle –, in die Grasslhöhle (siehe S. 127).

S. d. d. occo. x.
Satrnrop, 5. a. f. 5. l. d.
P. 6. m. 6. a. t. 5. q. o. t. m. 5. r. u. a t.
m. 519. r. l. v. e. p. 55. a. tt. tt. l. x. Missm
ariu. a. o. u st g c x 5. l. 19. alto mvraco
mic r l y. pymi. l o p m i. v m l t. t g

Felsinschrift in einer der Versionen von „Lazarus Gitschner" – der Untersberg-Code?

Zeichen im Fels

Die Felsbildkunst im Alpenraum verkörpert eine Sprache der Früh- und Vorgeschichte, die heute kaum noch verstanden wird. Die Felsbilder aus dem norditalienischen Alpental Val Camonica gehören zu den eindrucksvollsten Darstellungen prähistorischer Kunst. Die Felsritzungen – auch Petroglyphen genannt – zeigen eine große Vielfalt an Motiven meist religiösen Hintergrunds. Bereits in meinem ersten Buch *Zauberkraft der Berge* appellierte ich, diese Zeichensprache der alpinen Ursymbole in Kunst und Kult wieder zu verwenden und ihre nachhaltige energetische Wirkungsweise als Verbindung mit der Erde zu erproben, zu entschlüsseln und zu bewahren.

Doch wo sind jene Zeichen im Fels am Untersberg? An und in den umliegenden Gebirgen Tennengebirge, Hagengebirge, Lattengebirge und Reiteralm finden sich tatsächlich viele davon. Im Buch *Die Landschaft der Schamanen* des bekannten englischen „Bewusstseinsforschers" Paul Devereux fand ich eine überraschende Erklärung für eine Vielzahl unserer heimatlichen Petroglyphen. Bisher standen natürlich nur die spektakulären Motive (Jagd-, Kult-, Ritualszenen u. Ä.) im Blickpunkt des allgemeinen Interesses. Doch Devereux betont, dass die Vielzahl der weltweiten Petroglyphen eher „nüchterne" geometrische Formen darstellt. Es gibt auch für sie Erklärungen, wie sie etwa Franz Haller in seinem Buch *Die Welt der Felsbilder in Südtirol: Schalen- und Zeichensteine* anführt, aber Devereux bringt hier nun schamanische Ursprünge mit ins Spiel:

Die San (afrikanische Buschmänner, der Verfasser) *erzählen den Archäologen jedoch, dass diese speziellen Darstellungen von Schamanen in Trance hergestellt wurden. Einige der Archäologen (...) erkannten, dass diese Darstellungen mit neurologischen Mustern vergleichbar waren, die Neurophysiologen im Rahmen ihrer Untersuchung von Halluzinationen in Trancezuständen erforscht hätten.*

Die Petroglyphen in der Bioregion Untersberg und in Südtirol, die ich hier vergleichsweise heranziehen möchte, weil ich selber viele davon gesehen habe, erscheinen nun in einem anderen Licht. Gleich ob sie

vorgeschichtlich oder noch in nachchristlicher Zeit (nach Christi Geburt) entstanden sind, sie können damit Hinweise auf Trance-Erfahrungen geben – und sie könnten für unser Verständnis für die Erde weiterführend sein.

Linke Seite: Berchtesgaden (Garten der Percht) mit Watzmann.

Doch während es in der Bioregion Untersberg viel Felsbildkunst zu finden gibt, erweist sich der Heilige Berg selbst in dieser Hinsicht als leer. Warum gibt es am Untersberg keine oder kaum (siehe Hallthurm) Petroglyphen???

„Ingetraut" aus meinem Forum Alpenschamanismus schilderte mir am 28. Jänner 2011 ihre Gedanken dazu:

Vielleicht weil es nicht dringlich war, nach außen zu kritzeln. Ich sehe das so, wie wenn wer neben dem Telefonieren noch kritzeln muss. Wenn ich in mir ruhe, brauch ich nicht nach außen was ritzen. Wenn die Erdstrahlen einen von innen her dazu drängen, was zu ritzen, dann muss es raus.

Also wenn du eins bist mit dem Kosmos, kann sein, dass du was anzeigst, dich durch Zeichensetzung in der Materie deiner Existenz versicherst oder du dich so spürst, dass du dir deine Existenz nicht im Außen noch aufmalen musst. Ich kenne den Untersberg nicht gut genug, aber vielleicht drängt er die Menschen nicht ins Expressive.

Impression, Expression und Improvisation ... wirkt hier nicht die harmonisierende und energetisierende Kraft eines Herzchakras der Erde? Und trotzdem scheint der Untersberg nicht ganz leer an Felszeichen.

Soll nicht Lazarus Gitschner (siehe S. 62) einst jene geheimnisvolle Inschrift an einer Art Felsenkapelle oben am Hochplateau gefunden haben? Sind jene versteckten Zeichen aus der Sage nicht zugleich eine Art Code, der bis heute noch nicht entschlüsselt ist? Transportiert jene Sage nicht okkultes Wissen?

Die Percht und ihre Priesterinnen

BERG DER MYTHEN

Andererseits zeichnen aber gerade die ältesten, am wenigsten überformten Sagen auch eindrucksvolle Bilder einer Zeit nach, in der die Göttin noch nicht vertrieben und erlösungsbedürftig war, sondern als Segensspenderin unter den Menschen wirkte, sich als Schützerin der Tiere betätigte und als Hüterin der Quellen und der Bäume geachtet und verehrt wurde.

Erni Kutter

Im Garten der Percht: der Schlafende Drache und die Schlafende Hexe

Vorhergehende Doppelseite: Hoher Göll, von der Kühschwalb aus gesehen.

Berchtesgadener und Salzburger Land sind Regionen, die durch ihre Pracht und Schönheit auf der ganzen Welt bekannt sind. Ludwig Ganghofers Ausspruch beim Anblick Berchtesgadens: *Herr, wen Du lieb hast, den lässest Du fallen in dieses Land*, ist dafür bezeichnend. Doch Pracht und Schönheit liegen auch im Verborgenen, was heute langsam wieder erkannt wird. Es war einst ein Land, in dem sich die Götter wohlfühlten und in dem die Urmutter Percht ihr Reich hatte. In vielen Namen der Berge, Gewässer und Flure lassen sich noch heute diese Spuren erahnen. BERCHTesgaden wird von drei markanten Urmüttern bzw.

Der Lochstein im Naturpark Kühschwalb unterhalb des Hohen Gölls.

Berggöttinnen/Berggeistern umgeben. Sie bilden ein geomantisches Dreieck aus drei Heiligen Bergen, in dessen Mitte der Schoß der Percht lag:

· Untersberg – das Reich/der Rückzugsort des alten (matriarchalen) Volkes
· Watzmann – der frühere Heilige Berg der Region
· Hoher Göll – der Gipfel, der noch den Namen der keltischen Berggöttin *Gula* trägt.

Die keltische *Berggöttin Gula*, die in den Sagen als beschenkend, beschützend und heilend beschriebene Urmutter verbirgt in ihrem dunklen Schoß unterhalb der Göll-Ostwände ein Felsenkar namens *Wilder Freithof* (= Friedhof). Im Tal, im Kuchler Ortsteil Gasteig am Beginn des heutigen Naturparks Kühschwalb, markiert ein Lochstein (neben einer Hubertuskapelle) den Beginn der Tabuzone. War hier einst der Ursprung eines stillen und schattigen Toten- und Ahnenweges hinauf zum *Wilden Freithof* der Berggöttin?
Diese Berge sind voller Mythen, voller Geheimnisse, die in ihrer Bedeutung und ihrem Umfang erst allmählich in unser Bewusstsein zurückkehren.
Inmitten dieses Reiches der Naturgötter siedelten über die Zeiten die „Kinder von Mutter Erde“ und „transportierten“ über die Mythen das alte Wissen um die kosmischen Zusammenhänge weiter und konstituierten damit die Geschichte ihrer Taten. Die Mythen erzeugten so sozialen Zusammenhalt und Identität.
Wer den Mythos kennt, kennt den Ursprung der Dinge.

Hoher Göll am Abstieg von Hinterettenberg zur Almbachklamm.

Schlüssel am Baum im Naturpark Kühschwalb: Schließt dieser geheimnisvolle Schlüssel das Portal zum Totenweg beim Wilden Freithof auf?

Noch schlummern diese Drachenkräfte der Erde. Das vor fast 100 Jahren eingestürzte Drachenloch steht dafür genauso symbolisch wie die Schlafende Hexe mit dem teuflischen Loch der Fruchtbarkeit (Teufelsloch) in ihrem Schoß, durch das sie sich zu bestimmten Zeiten im Jahreskreis mit dem Himmel und der Sonnengöttin verbindet, oder wie ihr Bergpartner, der Untersberg, als Schlafender Drache, der die Welt der Seelen in sich birgt, die Schätze eines Wissens um geheimnisvolle Naturkräfte, und als Herzchakra der Erde die unendliche Kraft von Licht und Liebe an seine umliegenden Bewohner verteilt.
Es herrscht eine eigentümliche spirituelle Stille in dieser Region – die Ruhe vor dem Sturm, vor dem Erkennen ewig wirkender Naturmächte und Naturkräfte und einer immer präsenten Urmutter Percht.

Siehe, dort auf dem Walserfelde steht ein ausgedörrter Birnbaum zum An- und Vorgedenken dieser letzten Schlacht.

... so sprach der Mönch zu Lazarus Gitschner.

Der Endzeitmythos

Im Bewusstsein des Resonanzprinzips soll diesem Mythos in diesem Buch wenig Raum gegeben werden. So heißt es in einer der unzähligen Versionen der Endzeitmythen zum Beispiel vom Birnbaum am Walser Feld:

Wann der Baum beginnt zu grünen, wird diese Zeit der Not nahe sein; wann er aber anfangen wird, Früchte zu tragen, wird sich die (letzte – der Verfasser) *Schlacht anheben.*

Diese letzte Schlacht führt der sagenhafter Kaiser Karl symbolisch für die Kinder von Mutter Erde bereits gegen die Natur: Klimawandel, Treibhausklima, Zwischeneiszeit, Klimakatastrophe, Waldsterben stehen dafür als Synonyme. Und dennoch wird der heilige Berg zum Beschützer und Bewahrer, der in diesen schwierigen Zeiten seine christliche Lichtbotschaft (Eugen Köberle) verkünden lässt, der Heilsuchende zu seinen heilenden Quellen (Almbachklamm, Marienheilgarten, Veitlbruch) führt, der die Mythenforscher auf seine okkulten Schätze stoßen lässt, der seine Bäume raunen und seine Adler und Raben Weisheit verbreiten und selbst heilige Männer (Dalai Lama) stets zu ihm führen lässt. Geomanten, Landschaftsmythologen, integrative Heimatforscher und Alpenschamanen übernehmen bereits wieder die Hüterfunktion, führen Erdheilungsaktionen durch und appellieren in der Öffentlichkeit an einen respekt- und liebevollen Umgang mit einem wahrlich großen Berggeist. Er leuchtet nicht nur innerlich als ein Herzchakra der Erde, er, der uns dazu animiert, die Erde als Lebewesen zu erkennen.

Mythen waren ernste Berichte über alte religiöse Bräuche und Ereignisse, und sie sind als Geschichte recht zuverlässig, sobald man nur ihre Sprache versteht.

Robert von Ranke-Graves

Das Untersbergstüberl

Nach einem meiner Vorträge über den Untersberg im Frühjahr 2010 kam ein Besucher auf mich zu und fragte mich, ob ich das Untersbergstüberl in Ainring (Berchtesgadener Land) kenne – ein holzgetäfelter Raum sei das, mit einer Decke voller gemalter Untersbergsagen. Ich kannte ihn nicht, war aber sehr daran interessiert, ihn kennen zu lernen. Es vergingen noch einige Monate – ich steckte inzwischen mitten in den Recherchen zum Buch –, dann ging ich diesem Hinweis nach. „Zufälligerweise" befand sich jener Raum in einem Gebäude ganz in meiner Nähe, nämlich in Ainring, wohin ich im Juli von Bad Reichenhall in ein altes Bauernhaus umgezogen bin.

Ich fragte bei der angegebenen Adresse nach – dahinter verbarg sich das Fortbildungsinstitut der Bayerischen Polizei (BPFI) – und ich durfte mir jenen ominösen Raum ansehen. Auf einem Teil des großen Areals stehen noch Gebäude aus dem Dritten Reich, es sind dies ehemalige Betriebs- und Verwaltungsgebäude des „Reichsflughafens Bad Reichenhall-Berchtesgaden", der in erster Linie der Forschung und Weiterentwicklung des Luftverkehrs in Deutschland diente. Dies war auch der Grund dafür, dass er von den Amerikanern zu Kriegsende nicht bombardiert wurde, da man dort wertvolle luftfahrttechnische Dokumente zu finden hoffte.

So sind in heutiger Zeit noch zwei Gebäude dieses Flughafens als Teil der Bildungseinrichtung in Betrieb – und in einem davon befindet sich das Untersbergstüberl. Ich war beeindruckt von der Vielfalt der dargestellten Untersberg-Sagenmotive und zugleich entdeckte ich unbekannte Inhalte. Die Sagen werden jeweils mit einem kurzen Text vorgestellt, das daneben befindliche Gemälde verbildlicht den Inhalt:

Da ist von der Bruderschaft der 24 Mönche die Rede und das Bild stellte 2 x 12 (!) Mönche in unterschiedlichen Gewändern dar.

Der Untersberggeist, der die sagenhaften Schätze des Berges bewacht, wird eindeutig weiblich präsentiert.

Was hat es mit dem Mond auf sich und was mit den zwei Rittern, die vor ihrem Kampf zurückbeordert wurden?

Warum soll Kaiser Karl die Halbinsel Bartholomä am Königssee besetzt haben?

Adolf Hitlers Privatzimmer im 1. Stock des ehemaligen Reichsflughafengebäudes Ainring. (Vom Erker aus hatte er direkten Blick auf den Untersberg. Im Erdgeschoss befindet sich das noch intakte Untersbergstüberl.)

Weniger bekannt ist auch, dass Adolf Hitler in diesem Gebäude ein Zimmer mit einem Erker besaß, der ihn genau auf die Nordseite des Untersberges sehen ließ. Somit konnte er sowohl am Obersalzberg von seinem dortigen Feriendomizil, dem Berghof, als auch vom Kehlsteinhaus (1820 m), seinem Landhaus, das zu Repräsentationszwecken erbaut worden war, stets einen Blick auf seinen verehrten Untersberg werfen, wo er sich auch bestatten lassen wollte.
Der Maler der Deckengemälde in dem Untersbergstüberl blieb zunächst unbekannt und auch manche der dargestellten Sagenmotive sind unbekannt – ihre Herkunft lässt sich nicht mehr eruieren, wie meine Nachfrage beim Leiter des *Museums Flugplatz Ainring,* Frederic Müller-Rominger, ergab. Doch beeindruckte mich insbesondere die Darstellung einer weiblichen „Geistin" mit einem Schatz im Untersberg. Okkultes Wissen, das hier bewahrt werden sollte?

Sagenmotive aus dem Untersbergstüberl Ainring: die weiße Frau und der rote Hund mit dem Schlüssel zur Schatztruhe im Maul.

„Dös is der Schatzgräber von Untersberg, der wo Gold und Silber grabt bei der Nacht." Bemerkenswert sind die geheimnisvollen Zeichen am Portal. Ein Drudenfuß scheint angedeutet. Eine Code, wie ihn Lazarus Gitschner vorfand?

Die Drei verschwoll'na Jungfrauen (Quelle: BPFI) Text: „Dös san dö drei verschwoll'na Jungfrauen, dö wo in Berg einigenan zu der Krankenpfleg.'"

Die beiden roten Ritter. Text: „Da kömmen zwei hohe rote Ritter daher und wurden sie wieder zurückkommandiert."

Hier wird wohl noch so mancher Mythenforscher zu forschen und zu rätseln haben, wer den Maler beauftragte und woher das Wissen um diese Motive stammte.
Nach Fertigstellung des Manuskripts für das Untersbergbuch erhielt ich einen Anruf von Herrn Seyfferth, dem Beauftragten für Presse- und Öffentlichkeitsarbeit des BPFI. Er wisse nun, wer der Maler des Deckengewölbes sei. Er hatte von einem Verwandten desselben einen Anruf bekommen, der selbst zu den Werken seines Onkels Georg Demmel recherchierte und schließlich auf das Untersbergstüberl in Ainring gestoßen ist. Ich rief jenen Verwandten an und erhielt folgende Auskünfte: Georg Demmel lebte von 1899 bis 1972 und war ein gebürtiger Königsdorfer aus dem Isartal. Obwohl armer Bauernsohn, schaffte er den Abschluss der Münchner Kunstakademie. Er arbeitete als Genre- und Figurenmaler, der zahlreiche Fassadenmalereien auch im Berchtesgadener Land (Schifferkirche Laufen, Schwabenbräu Bad Reichenhall, Laufener Tor in Tittmoning) schuf. Das Untersberggemälde entstand im September 1934, Auftraggeber und die Ursprünge der Motive sind jedoch unbekannt.
Für die meisten Sagen, die die drei Wildfrauen, wie sie häufig am Untersberg zu finden sind, als erlösungsbedürftig darstellen, ist das Motiv der unterirdischen Schatztruhen charakteristisch. Furcht erregende Tiere sind die Schatzwächter. Die Schatzkammern von Wildfrauen bedeuten, dass geheimes, gehütetes Wissen – das eben durch Schatztruhen symbolisiert wird – um die verborgenen Kräfte der Erde nur bestimmten eingeweihten Personen zugänglich ist. Volkskundler und Mythologen deuten die Schatzkiste als Uterus, als Symbol der Fruchtbarkeit. Die weiße Frau, die oft in den Sagen der Alpen auftritt, gilt als Verkörperung des Todes, als Tödin, als Todesgöttin oder Erdmutter und steht damit wiederum für die Frau Percht.
Die Drei Jungfrauen, in den Untersbergesagen meist in Form der Wildfrauen dargestellt, erscheinen hier als Krankenpflegerinnen, die zu ihrer Arbeit in (!) den Berg hineingehen.
Meine Interpretation: Die dreigestaltige Bergmutter kümmert sich um ihre Kinder, die Ahnen.
Sind diese beiden „roten Ritter“ ein Hinweis auf die Tempelritter? Im Jahre 1221 soll ein gewisser Hubertus Koch mit einer kleinen Ritterschar bei Ettenberg am Untersberg eine Komturei errichtet haben. In den Jahren darauf verselbstständigte sich die Gruppe und nannte sich fortan „Die Herren vom schwarzen Stein“ – deren Name auf das Wirken der Göttin Isais zurückzuführen ist, die ihnen einen magischen schwarzen Stein übergeben haben soll. Nach 1240 verliert sich ihre Spur. Wurden die Tempelritter tatsächlich „zurückkommandiert“?

Berg des Lichts

VISIONEN UND BOTSCHAFTEN

Ich liebe diesen Berg nicht.
Er ist für mich eher eine Herausforderung.
In ihm steckt viel Unerlöstes, im Stein Erstarrtes.

Pfarrer Herbert Joseph Schmatzberger
(von vielen auch der „Untersbergpfarrer" genannt)

Anna Katharina Emmerick und das andere Weihnachten

Vorhergehende Doppelseite: Die Irlmaiermadonna.

Eine Vision hat sich an einem Ort zu Füßen des Untersberges manifestiert, der Waldandacht, einer kleinen Kapelle bei Großgmain im Salzburger Land. Diese ist vom Wanderparkplatz Bruchhäusl auf dem Forstweg Richtung Latschenwirt in fünf Minuten erreichbar.
Anna Katharina Emmerick wurde am 8. September 1774 in Flamschen (Nordrhein-Westfalen) als Kind armer Bauern geboren. Mit 28 Jahren trat sie in das Augustinerinnenkloster in Dülmen ein. Als Nonne erkrankte sie häufig und bald zeigten sich die Wundmale Jesu Christi an ihrem Körper. Nach der Auflösung ihres Klosters führte sie einen Priesterhaushalt, war aber durch ihre Krankheit und die Stigmata geschwächt und in der Folgezeit nicht mehr in der Lage, das Bett zu verlassen. Sie hatte Visionen von biblischen Begebenheiten und insbesondere zum Leben von Jesus Christus.
Der Schriftsteller Clemens Brentano dokumentierte ihre Visionen bis zu ihrem Tod am 9. Februar 1824. In seinen Büchern versuchte er dabei eigene Nachforschungen und Emmericks Visionen zu einem Gesamtbild über das Leben von Jesus Christus zusammenzufügen.
Am 3. Oktober 2004 wurde Anna Katharina Emmerick durch Papst Johannes Paul II. selig gesprochen.
Diese Visionen bildeten die Grundlage für das neue Datum der Christgeburtsmesse am 25. November. Der bekannte ungarische Astrologe Sandor Belcsak (1938–1999) war Vorsitzender der Österreichischen Astrologischen Gesellschaft (ÖAG), Lehrer, Hüter und Bewahrer der klassischen Astrologie. In einem Artikel der ÖAG vom Juni 1980 (Nr. 40) schrieb er über die *Datierung der Geburt und Kreuzigung von Jesus nach Betrachtungen von Anna Katherina Emmericks.* Er untersuchte zahlreiche Horoskope von Mystikern, u. a. das von Anna Katharina Emmerick, aber auch das Horoskop von Jesus Christus selbst. Unter Berücksichtigung politischer, gesellschaftlicher, astronomischer und astrologischer Daten und Umstände berechnete er den tatsächlichen Geburtstag von Jesus für den 25. November.
Pfarrer Herbert Joseph Schmatzberger von der Pfarre Großgmain im Salzburger Land nahm dieses Datum schließlich zum Anlass, um den

Die Waldandacht bei Großgmain/ Bruchhäusl.

historischen Geburtstag von Jesus an einem besonderen Kraftort am Fuße des Untersberges – der Waldandacht, auf halber Strecke von der Alm Wolfschwang zum Latschenwirt – mit einer Messe zu feiern. Die Gläubigen ziehen seit 1996 nachts von der Marienwallfahrtskirche Großgmain über einen mit Fackeln ausgeleuchteten Waldweg, um bei der Waldandacht um 23:00 Uhr die Christgeburtsmesse zu begehen.
Während wenige Tage zuvor – am 20. November – am Grabhügel von Hohenfried der Sonnendurchgang durch das Teufelsloch im Lattengebirge eine besondere bioregionale Sonnenzeit eröffnet, finden sich die Gläubigen Großgmains am 25. November zu einem besonderen Gottesdienst in der Waldandacht zu Füßen des Untersberges ein.
Diese Feier am Untersberg steht in Resonanz mit dem Sonnenphänomen am Lattengebirge. Denn die Sonnendurchgangszeit am Teufelsloch dauert vom 20. November bis zum 22. Januar. Die Kelten, die im Berchtesgadener Land wegen des Salz- und Solevorkommens siedelten, feierten die Jahreskreisfeste noch in einem anderen Bewusstsein: Gerade die Wintersonnenwende galt bei ihnen als heiligste Zeit des Jahres und so ist davon auszugehen, dass die Hochburghöhe ein einstiger Sonnenkultplatz war, an dem sich das Volk mit seinen Priestern oder Druiden traf, um beim Anblick des Sonnendurchgangs zur Mittagszeit zu feiern und zu zelebrieren.
Die spirituelle Vorgeschichte der Menschen am Untersberg zeigt im Hinblick auf die aktuelle – nicht nur christliche – Spiritualität eine

ungewöhnliche Analogie auf. Hochburghöhe (Lichtphänomen) und Waldandacht (lichtvolle Heilsbotschaft) sind nur wenige 100 Meter voneinander entfernt. Wirken hier bereits die morphischen Resonanzfelder?
Mein persönliches erstes Erleben jenes regionalen Feiertages mag bezeichnend für Resonanzphänomene am Untersberg sein.
Es war ein ungewöhnlich milder 25. November im Jahre 2006, als meine Frau und ich zum ersten Mal am Christgeburtsgottesdienst von Pfarrer Herbert Joseph Schmatzberger teilnehmen wollten. Am Wanderparkplatz Bruchhäusl herrschte bei unserer Ankunft gegen 23:00 Uhr noch ein starkes Treiben, was wir auf weitere verspätete Messebesucher schoben. Die letzten hundert Meter am Forstweg hinunter zur Waldandacht erhellten Fackeln die Dunkelheit. Bei unserer Ankunft hatte die Christmesse bereits begonnen. Es war nicht nur die Wärme des Waldes und jenes klimatisch ungewöhnlichen Novembers, die uns dort empfing. Viele Kerzen und Fackeln erhellten den Ort am Ausläufer des Untersberges, Weihnachtslieder erklangen und es herrschte eine frohe Stimmung – wie man/frau es eben von einem Weihnachtsgottesdienst kennt.
Pfarrer Schmatzberger gedachte in seiner Messe auch der verlorenen Seelen am Untersberg. Ich wurde hellhörig. Die Stille des Ortes veränderte sich. Plötzlich fuhren Fahrzeuge die Fortstraße entlang – vorbei am Gottesdienst. Was hatte das zu bedeuten? Es wirkte störend und unpassend – noch dazu war es eine für den allgemeinen Verkehr gesperrte Straße. Auf einem der Autos erkannte ich schließlich den Bergwacht-Schriftzug. Waren sie zur Einweisung der Gottesdienstbesucher anwesend gewesen?
Das Rätsel klärte sich am nächsten Tag. Ich erfuhr von einem Rettungseinsatz der Bergwacht am vorangegangenen Tag. Die Mitglieder der Pfarre Großgmain, die am Spätnachmittag die Kapelle geschmückt und für den Gottesdienst vorbereitet haten, hatten vom Untersberg Hilferufe vernommen und daraufhin die Bergwacht verständigt. Eine Frau aus der Umgebung war in die Dunkelheit und damit in Bergnot geraten. Der milde Novembertag hatte eben nochmals viele Bergsteiger zu Wanderungen motiviert. War es die Kürze der Novembertage, die die angeblich erfahrene Bergsteigerin überraschte, oder waren sie in die Zeitfalle geraten?
Mir wurden die Resonanzen des Geschehens am Abend zuvor bewusst. Hatte nicht der Pfarrer der verlorenen Seelen am Untersberg gedacht, hatten nicht die Gottesdienstvorbereitenden die Hilferufe gehört? Tatsächlich standen das nächtliche Treiben am Wanderparkplatz und das seltsame Verkehrsaufkommen auf der Forststraße mit dem glücklichen Abschluss eines Bergrettungseinsatzes in Verbindung.
Heiligabend am Heiligen Untersberg zu einer anderen Zeit.

Durch die Klimaänderung wird bei uns wieder Wein angebaut.
Es werden Südfrüchte bei uns wachsen.
Es ist viel wärmer als jetzt.

Prophezeiung von Alois Irlmaier

Eugen Köberle und die Irlmaiermadonna

Der 1979 verstorbene Dr. Eugen Köberle lebte und arbeitete als Zahnarzt in Berchtesgaden. Er galt als ein sehr spirituell veranlagter Mensch, der über seherische Fähigkeiten verfügte. Bekannt war er durch seine Vorträge und im Jahre 2009 wurde seine am Untersberg empfangene Vision – die Botschaft vom Untersberg, die Botschaft vom Licht im Menschen (vgl. dazu auch *Die Zauberkraft der Berge,* S. 63 ff.) – durch seinen noch in Berchtesgaden lebenden Freund Hagen Boehnisch publiziert. Dieser orientierte sich beim Termin der Veröffentlichung an Voraussagen, die Köberle einst gemacht hatte und die ihm den richtigen Zeitpunkt anzeigen sollten.
Diese besagte Botschaft erhielt Köberle am 19. August 1975 in den frühen Morgenstunden bei der Auergrabenhütte in der Almbachklamm. Am 8. November 1975 fand er die ihm während einer Meditation dort prophezeite Quelle in der Almbachklamm und am 15. Juli 1978 wurde die Irlmaiermadonna von ihm zusammen mit Hagen Boehnisch dort aufgestellt. Köberle bezeichnete diese Ereignisse als Trinität (Dreiheit) und den Platz der Vision und der nahe liegenden Quelle als eine weitere Trinität, die sich aus deren zentraler Lage inmitten eines Kräftedreiecks von 3 Marienkirchen (Maria Plain, Marienkirche Großgmain und Maria Kunterweg) ergeben würde.
Die zahlreichen Marienkirchen rund um den Untersberg betonen die weibliche Energie dieses Heiligen Berges und beinhalten noch Spuren einer vorchristlichen Perchtverehrung.
Von einem nächtlichen Aufenthalt Köberles bei der Auergrabenhütte heißt es sogar, er sei von einem Untersbergler (Zwerg) in den Untersberg geführt worden, wo er dann seine Vision erhielt. Dies erinnert stark an die Vorkommnisse um Lazarus Gitschner im 16. Jahrhundert, der wie oben erzählt von einem Mönch in den Untersberg geführt wurde, um okkultes Wissen zu erfahren, oder an die Geschichte von Ingomar von Lex 1956, den ein Zwerg in den Berg geführt haben soll.
Der Zeitpunkt der Untersbergvision Köberles am 19. August erscheint in Zusammenhang mit den Mythen beachtenswert. So heißt es, dass sich alle paar Jahre zu Maria Himmelfahrt (15. August!) in der Mittagsscharte ein Zeitportal öffnen soll.

Rechte Seite: Station auf der Untersbergwallfahrt: die Irlmaiermadonna.

Am 14. August wird der Berg in der Untersbergwallfahrt – die an der Großgmainer Marienkirche beginnt und auch endet – umrundet. Der Ort Großgmain besitzt eine starke geomantische Resonanz zur Quelle, die von den Wallfahrern und dem Großgmainer Pfarrer Herbert Schmatzberger dann auch besucht wird. Auffällig ist auch die Ähnlichkeit in Größe, Form und Farbe der Madonna vom Großgmainer Marienheilgarten, hinter der sich ein Brunnen befindet, dem viele Besucher Heilqualität zusprechen, mit der Irlmaiermadonna und der heilsamen Quelle zu ihren Füßen.
Um den 15. August scheinen sich „Dimensionstore" am Untersberg zu öffnen und machen Zeitverschiebungen und Visionen möglich.
Doch noch ein zweiter bedeutender Prophet steht mit diesem Berg und der Quelle in der Almbachklamm in Verbindung: Alois Irlmaier. Er wurde am 8. Juni 1894 in Scharam bei Siegsdorf im benachbarten Landkreis von Traunstein geboren und lebte von 1928 bis zu seinem Tod 1959 in Freilassing, nur wenige Kilometer vom Untersberg entfernt.
Seinen Lebensunterhalt verdiente er sich als Brunnenbauer und Wasserinstallateur. Dazu konnte er seine Fähigkeiten als Rutengänger gut gebrauchen und arbeitete damit sehr erfolgreich. Berühmt wurde er jedoch durch seine hellseherischen Fähigkeiten. Seine Einmaligkeit und Authentizität bekam er sogar durch das Amtsgericht Laufen im Jahre 1947 bestätigt. In der Urteilsverkündung eines gegen ihn angestrengten „Gauklereiprozesses" hieß es: „Die Vernehmung der Zeugen […] hat so verblüffende, mit den bisherigen Naturkräften kaum noch zu erklärende Zeugnisse für die Sehergabe des Angeklagten erbracht, dass dieser nicht als Gaukler bezeichnet werden kann." (Quelle: Aktenzeichen Cs 203/46; Staatsarchiv München BezA/LRA 208.026)

Es gibt eine interessante Verbindung zwischen diesen beiden Propheten von Berchtesgaden und Freilassing: Köberle erhielt nach Irlmaiers Tod von dessen Familie eine Madonna geschenkt, die dieser einst als Lohn für einen Auftrag als Brunnenbauer erhalten hatte, und sollte sie an einem besonderen Ort aufstellen. Diese Madonna steht heute in der Almbachklamm bei der von Köberle durch eine seiner Visionen entdeckten Quelle. Schon die Geschichte des Transportes und der Aufstellung der Madonna klingt wundersam. Eine alte Materialseilbahn wurde wieder hergerichtet, zum Transport genutzt und daraufhin sofort wieder abmontiert. Sowohl Köberle, der beim Auffinden der Quelle von einem Magen- und Harnleiden, als auch Boehnisch, der während der Aufstellarbeiten der Madonna von einem Herzleiden befreit wurde, erfuhren rasch die enorm vitalisierende Wirkung dieses lebendigen Wassers.
Inzwischen zählt die Quelle zu den heiligen Orten des Berchtesgadener Lands. Ihre versteckte und schwer zugängliche Lage ist Teil dieses „Heilig-Seins" und soll deshalb hier auch nicht weiter beschrieben werden.

Der Untersberg ruft

DER UNTERSBERG-GEIST UND DIE ALPENSCHAMANEN

Der Weg zu den Berggeistern ist steinig und steil
und lässt uns tief blicken.

Rainer Limpöck

Das Treffen der Alpenschamanen

Vorhergehende Doppelseite: Alpenschamanentreffen 2010: der Kraftkreis.

Schon seit vielen Jahren beobachte ich eine ungewöhnliche Zunahme von spirituellen Aktivitäten rund um den Untersberg und auch direkt auf dem Berg. Ist dies bereits ein Zeichen des erwachenden „schlafenden Drachens", wie ihn vile spirituelle Menschen bezeichnet habenen (nicht zuletzt der Dalai Lama)? Der Begriff „Alpenschamanismus" verbreitete sich schließlich auch aus dieser Region. Dazu hatte ich mit meiner Website, dem alpenschamanischen Netzwerk, mit zahlreichen Aktivitäten, Vorträgen, Jahreskreisfesten, mit meiner Trommelgruppe und mit meinem Buch über *Die Zauberkraft der Berge* beigetragen. Das von mir initiierte jährliche Treffen der Alpenschamanen fand bis 2009 in der „Steinzeit Siegsdorf", einer Art Freilichtmuseum, statt. Als diese Einrichtung aus dem idyllisch in einem oberbayerischen Gebirgstal gelegenen Gelände aus wirtschaftlichen Gründen ausziehen musste, kam für mich die Notwendigkeit, über einen neuen Treffpunkt nachzudenken.
Wo sollten die alpenschamanisch Tätigen sich besser zuhause fühlen als an einem Heiligen Berg der Alpen? Der Johannishögl bot sich dazu idealerweise an, liegt er doch direkt gegenüber dem Untersberg. Ich hatte bis dahin zwei Jahreskreisfeste zu Beltane, dem keltischen Frühlings- und Fruchtbarkeitsfest, in der Nacht auf den 1. Mai dort oben eindrucksvoll im Einklang mit den Elementen und Ortsgeistern feiern können (siehe Berichte unten).
Schon vorchristliche Kulturen erkannten und nutzten wohl diese Erhebung des Johannishögls als Kult- und Opferstätte. Dass es sich dabei um einen Platz der Sonnenverehrung handelte, kann auch der heutige Besucher aufgrund seiner prädestinierten Lage oberhalb Salzburgs und des Reichenhaller Tals gut nachvollziehen. Die natürliche Fortführung fand dieser heilige Sonnen-Ort im Christentum.
Am Fuße des Johannishögls, am sogenannten Auhögl, befand sich eine Siedlung der Jungsteinzeit um 1800 v. Chr., aus der auch große Bronzefunde stammen. Die keltischen Alaunen (500–15 v. Chr.) haben aufgrund des Salzvorkommens hier im Reichenhaller Becken gesiedelt. Ein Relikt jener Epoche finden wir bei dem gemauerten Brunnenschacht, einem Kultschacht, der vermutlich dem keltischen Wassergott *Bid* gewidmet war und sich daher außerhalb der Kirchenmauern befindet.

Auf dem Johannishögl, wo jedes Jahr um den 24. Juni – den Johannistag – und seit 2007 auch wieder zum 21. Dezember – der Thomasnacht – die Sonnwendfeuer lodern, wurden bereits in vorchristlicher Zeit an den wichtigen Jahreseinschnitten des Sonnenjahres, den beiden Tag- und Nachtgleichen und an den beiden Sonnwendpunkten, Feuer entzündet.

Schamanin Mondina – eine der vier RitualleiterInnen – formulierte eindrucksvoll und emphatisch den Werdegang unserer Treffen bis zum Ankommen am Untersberg:
In der Steinzeit gestärkt (Diesselbachtal 2005–2008), sind „wir" der Steinzeit entwachsen (2009) und auf einem alten Ritualplatz angekommen (Johannishögl 2010), um der schamanischen Sicht- und Denkweise „Raum" zu geben und diese (ab 2011) wieder ins Bewusstsein der Menschen zu bringen!
Die Geistwelt findet immer eine Möglichkeit – auch wenn wir das nicht immer sofort erkennen können.

1.) *In der Geborgenheit der Steinzeit wurde die Idee geboren:*
  „Außergewöhnliche Zeiten ... erfordern außergewöhnliche Aktionen" (Motto 2005)
2.) *Die Idee wird angenommen und das Vertrauen wächst:*
  „Schamanisch Tätige stellen sich vor" (Motto 2006)
3.) *Ein gängiges „Schlagwort" für eine „andere" Sichtweise wird aufgegriffen: „Vom richtigen Zeitpunkt" (Motto 2007)*
4.) *Stark genug für den Mut zu den eigenen Wurzeln:*
  „Heimat Erde" (Motto 2008)
5.) *Der Schutz des (scheinbar) „Ewigen" wird einbezogen:*
  „Die Kraft der Berge" (Motto 2009)
6.) *Die Geistwelt will gehört und in die Realität getragen werden:*
  „Der Untersberg ruft" (Motto 2010)
7.) *Öffentliches Bekenntnis zur schamanischen Spiritualität:*
  „Anderswelten" (Motto 2011)

Freiwillig hätten wir die Steinzeit wohl nicht verlassen, aber der Tribut an den Kommerz hat auch die Steinzeit erreicht ... Und letztlich haben uns auch die Wettergeister gezeigt, dass ETWAS falsch läuft! Im realen Leben werden die Menschen auch aus der Kindheit verjagt, von der Gesellschaft des 21. Jahrhunderts zum Erwachsen-Werden gezwungen!
In der Steinzeit lebten die Menschen geschützt in Höhlen und/oder zumindest in geschützten Bereichen und wurden durch äußere Einflüsse gezwungen, sich neu zu orientieren!

Bericht vom 6. Alpenschamanentreffen

„Der Untersberg ruft" und die Alpenschamanen kommen. So geschehen am Samstag, den 17. Juli 2010. Ich war mir bewusst, dass dies kein normaler Umzug werden würde. Wenn man jahrelang an einem kraftvollen

Ort zu so einem Event einlädt, dann heißt es, sich vom Alten zu verabschieden und beim Neuen zunächst mal anzuklopfen und um Einlass zu bitten.
Wir vier Ritualleiter, die zwei Moderatoren und ein paar einheimische, schamanisch Aktive gingen diesen Weg – ohne gewohntes Rahmenprogramm und Verkaufsstände – behutsam, achtsam und ehrfurchtsvoll. Rund 100 Besucher und Aktive wurden es dann, die trotz Wetterwarnungen und ohne große Werbung den Weg über die schmale Bergstraße zum **Johannishögl** herauffanden. Während in den Wochen zuvor heißes und trockenes Sommerwetter geherrscht hatte, zeichnete sich nun bald ab, dass dieser Tag völlig aus der Reihe fallen würde. Noch kurz vor Beginn betrachtete ich mir das Niederschlagsradar und sah die Unwetterwarnungen. Und schon am frühen Morgen entlud sich ein kräftiges Gewitter am Fuße des Johannishögls, wo ich seit kurzem wohne.
Am Gipfel des Veranstaltungsortes angekommen, fand sich bald das Kernteam ein. Ich ließ mich trotz des grauen Himmels von einer erwartungsfrohen und vertrauensvollen Grundstimmung mitreißen (ein herzliches Dankeschön insbesondere an Eva und Waldläufer). Was sich dann im Tagesverlauf über unseren Köpfen abspielte, war ein Schauspiel der Elemente, wie es eindrucksvoller nicht sein könnte.
12 Uhr mittags. Vom Tal hörte man die Probesirenen heraufheulen und wir vier begannen, den heiligen Raum zu schaffen. Alle bis dahin Angekommenen schlossen intuitiv einen Kreis um uns.
Es war ein magischer Moment, denn nun kam das Sonnenfeuer hinter den Wolken hervor, gab uns Kraft und Wärme und ließ alle Aufmerksamkeit auf unser heiliges Feuer richten. Die letzten Brennscheiter aus der Steinzeit Siegsdorf wurden rituell aufgeschlichtet und verbrannt; Worte des Dankes machten dabei in unserem kleinen Kreis die Runde und zugleich die Bitte um Aufnahme am neuen Ort.
Der Untersberggeist, der zuvor noch drohend ein paar Wolken um sich gescharrt hatte, öffnete sein Antlitz – er öffnete sich uns und allen Anwesenden. Zugleich wurden die Windgeister aktiv.
Das Ritualfeuer flammte leise auf, die Hölzer der Vergangenheit verbrannten und hinterließen fruchtbare Asche für den Neubeginn. Nur ein einziges Mal entlud sich das Feuer krachend – in dem Moment, als der Waldläufer den Großen Geist ansprach.
Es zeigten sich Resonanzen mit der Natur und ihren Wesenheiten, die einen staunen, strahlen und jodeln ließen.
Während meiner Anrufung der *Vier Winde* kreisten laut rufend Raubvögel in den jeweiligen Himmelsrichtungen.
Schließlich traten wir in den Kreis um uns ein und ich sprach begrüßende und einleitende Worte. Wir begannen gemeinsam zu trommeln und das Zentralgelände zu umrunden. Der Heilige Raum war geschaffen und der Goldene Kreis (ein Begriff aus der alpinen Mythologie für den Schutzkreis) gezogen.

Nun stellten wir uns vor – jeder an seinem Ritualplatz:
Waldläufer als Erdritualist im Wald
Eva als Wasserritualistin am Bach
Mondina als Feuerritualistin am Feuerplatz
Und ich – **Weißer Adler** – als Luftritualist am Gipfelareal.

Wir stellten uns vor und luden ein zu anschließenden gemeinsamen Elementritualen am jeweiligen Elementort.
Alpenschamanische Lieder von **David**, eine Kräuterwanderung über den Högl mit **Lisa** und heilende Trommel- und Didgeklänge von einem schamanischen **Urgestein** vom deutsch-schweizerischen Grenzraum begleiteten unsere Vorstellungen.
Kurz vor Beginn der Elementrituale hörte ich Matthias meinen Namen rufen. Er stand oben auf der Gipfelwiese. Er blickte mit großen Augen gen Himmel – und dort sah ich es schließlich auch: ein Wetterphänomen, ein Wolkenloch oder -wirbel, etwas Unbeschreibliches, noch nie Gesehenes.
Ich hörte den Begriff „das Auge Gottes“ – mir fiel nichts Passenderes dazu ein.
Ich konnte es per Foto festhalten – aber ob sich auch das Atmosphärische, das Fühlen dazu festhalten ließ?

Alpenschamanentreffen 2010: das Auge Gottes.

Alpenschamanentreffen 2010: die Trommelstra-ße (im Hintergrund der Gaisberg).

Kräuterfrau Lisa hatte ein paar Regentropfen von ihrer Wanderung mitgebracht. Spontan entschieden wir, die gemeinsame Abschlusszeremonie vorzuziehen. Danach sollten die Elementrituale folgen, wenn es die Wettergeister noch zuließen.

In der Abschlusszeremonie stand nun der Maibaum vom Johannishögl im Mittelpunkt; sie wurde von Eva geleitet und verband uns alle über den Brauchtumsbaum mit Himmel und Erde. Die Regengeister hatten sich nochmals zurückgezogen und wir konnten im Anschluss die Elementrituale zelebrieren – allerdings in Abänderung des Programms zeitgleich. So musste man/frau sich entscheiden, welches Element einem heute am nächsten war.

Zum Ende der Elementrituale öffnete der Himmel seine Schleusen. Wir bekamen den Segen von oben und der Große Untersberggeist zog wieder sein graues Gewand über.

Unter den Markisen beim Berggasthof sitzend, übernahmen nun um uns die Wettergeister das Regiment und beschenkten uns mit Donner, Blitz und Starkregen.

Warum sah man unter den Markisen beim Berggasthof Johannishögl nun so viel frohe und glückliche Gesichter?

Und zwischen Donnerschlägen und Regenprasseln konnte man vereinzelte Worte zum Alpenschamanentreffen 2011 am Johannishögl vernehmen.

Ich lud die Geister der Vier Winde ein,
die Geister der umliegenden Heiligen Berge,
die Himmels- und Erdgeister.

Rainer Limpöck

Beltane, im Jahreskreis mit dem Untersberg: ein alpenschamanisches Fest

Alpenschamanische Aktivitäten stehen immer in Verbindung mit den Naturgeistern und den Elementen. Das kennen wir u. a. von unserer Trommelarbeit in der Steinzeit Siegsdorf oder an den regionalen Kraftorten und Kultplätzen, vom Trommeln für Mutter Erde oder eben von unseren Jahreskreisfesten in der Natur. Doch am 30. April 2008 konnten man/frau in einer einzigartigen, von der Natur inszenierten Dramaturgie die Kräfte der Walpurgisnacht erfahren. Es schien, als seien sämtliche Wetterhexen um uns herum aktiv.

Beltane 2008 am Johannishögl (im Hintergrund der Untersberg).

Rechte Seite: Beltane 2008 am Johannishögl: das Wolkenloch.

Am späten Nachmittag trafen sich die ersten Festteilnehmer auf dem sonnenüberfluteten Johannishögl bei Piding – eigentlich ein Ausweichort zur Burg Karlstein bei Bad Reichenhall, bei der das Fest schon seit Jahren stattfindet, was uns aber diesmal wegen der Sperre des Weges (Treppensanierung) zur Burg nicht möglich war. In letzter Zeit häufen sich die „Sperrungen" der alten Kultorte:

- die Schwarzbachhöhle, nach Lawinenabgängen und Orkanverwüstungen
- der Falkenstein, wegen Steinschlaggefahr (Felssturz in die Höhlenkirche!)
- der Untersberg, wegen der immensen Schneemengen im Frühjahr
- und jetzt die Burg Karlstein, wegen Schäden am Hauptaufstieg.

Die alten Plätze fordern Ruhe – sie wollen sich regenerieren.

Dafür öffnen sich neue Plätze, an denen wir schamanisch arbeiten und uns vitalisieren können. Der Johannishögl ist schon lange ein Sonnenkultplatz. Das Johannisfeuer brennt zur Sommersonnenwende schon seit vielen Jahren dort oben und seit letztem Jahr wurde dort auch das Wintersonnwendfeuer neu eingerichtet. Und das Beltane-Fest durfte nun dort auch zum ersten Mal wieder gefeiert werden – neben der Johanniskirche und neben dem keltischen Kultplatz. Ein besonderes Symbol für Toleranz und Verständigung.
Schnell war dank der zahlreichen Helfer ein großer Brennholzstapel zusammengekommen. Im Wald fand sich sogar ein Bäumchen, das schließlich als Maibaum geschmückt wurde.
Zur untergehenden Sonne bewegte sich das Festvolk dann an die Kirchenmauern und trommelnd wurde Großvater Sonne verabschiedet. Hinter einer – zunächst unscheinbaren – Wolkenbank ging die Sonne unter. Für einige Momente kehrte Stille ein. Stille am Högl.
Die Wettergeister riefen allerdings schon:
„Ihr wollt feiern? Dann fangt an!"
Und kaum hatte sich der bunte Haufen um das aufgeschlichtete Feuerholz im Kreis versammelt, da verdunkelte sich der Himmel. Ich lud die Geister der Vier Winde ein, die Geister der umliegenden Heiligen Berge, die Himmels- und Erdgeister. Jemand stimmte das Untersberglied an und dann wurde das Beltane-Feuer entzündet.
Da waren sie auch schon – die Wettergeister, die Geister der Vier Winde und alle anderen – und wollten mitfeiern. Skeptiker sahen schon schwere Regengüsse auf uns niedergehen, doch es entstand ein Wolkenloch über uns – über dem Johannishögl. Der Regen zog um uns herum, sichtbar zu dem vor uns zu Füßen, im Osten liegenden Salzburg. Ein Sturm brach herein, schürte das Feuer an, dass es bald prächtig loderte.
Dank des Regens vom Vortrag mussten wir uns über den Funkenflug keine Gedanken machen. Der Wald war auch weit genug entfernt.

Schließlich wurde nur noch gefeiert, getanzt, gesungen, gespeist und getrunken im Austausch mit den Wettergeistern. Wer so etwas bisher noch nicht erlebt hat, wird es wohl kaum wieder vergessen. Der Untersberg bot im Zusammenspiel mit dunklen Wolkenfetzen eine dramatische Kulisse.
Ausgelassenheit breitete sich aus. Juchzer ertönten. Trommeln beschworen die Winde, gingen in Dialog. Ein verstörter Hase schreckte aus dem Gebüsch auf. Ein Fest in den Alpen.
Bis bald und danke an die Elemente!
PS: Der Regen kam erst spät in der Nacht – nach dem Fest!

Beltane 2009 auf dem Johannishögl

Der wärmste April aller Zeiten endete mit – Neuschnee in den Bergen. Am Vormittag unseres Beltane-Festes regnete es. Am Mittag – regnete es.
Am Nachmittag – klarte es auf. Und am Beginn des Festabends suchten wir bereits unter einem aufgelockerten Wolkenhimmel unser Brennholz zusammen. Einige Festgäste hatten dankenswerterweise trockenes Holz zum Anbrennen mitgebracht.
Bereits bei der Ankunft am Johannishögl empfing uns der Willkommensruf des Kuckucks und kurz darauf zeigte sich ein Kraftvogel – der Falke. Er gilt als Botschafter, Beschützer und Seher der Lüfte. Der Falke ist der Bote unter den Tieren, in etwa vergleichbar mit dem Götterboten der griechischen Mythologie. Die Verbindung mit dem Falken sucht man, um seine Wurzeln zu entdecken. Und eine unserer bioregionalen Wurzeln steckt in jenem Sonnenkulthügel gegenüber dem mächtigen Untersberg.
Hinter der Kirche positionierten wir uns zum Abräuchern, das ich der Mithilfe des Winds übergeben konnte, und zum anschließenden Eröffnungsritual – dem Einladen der Spirits im Einklang mit dem Alperer-Jodler. Am Horizont im Westen erstrahlte zu dieser Zeit ein Sonnenloch, das die untergehende Sonne mehr als nur erahnen ließ, und der Falkenbote begleitete unsere Zeremonie nun direkt über uns. Wir trommelten und erdeten uns. Dann zogen wir zurück zu unserem vorbereiteten Feuerplatz. Inzwischen waren alle Festgäste eingetroffen und so entzündeten wir gemeinsam das Beltane-Feuer. Ein kraftvoller und frischer Wind fachte rasch unser Feuer an und ließ es hoch auflodern. Der Falke beendete seine Beltanerunde und beobachtete unser Treiben von einigen Baumwipfeln.
Mit Gesang, Tönen, Trommeln und passendem Speis und Trank empfingen wir die Nachtgeister. Geschichten um die Kasermandl, den Heiligen Untersberg und Kräuterkundiges kursierten um das Feuer. Vertieft in festliches Treiben, merkten wir kaum, wie der Wind verstummte. Es war ein milder Abend geworden. Zu später Stund' erklang

ein Käuzchen aus dem nahen Wald. Der Untersberg hatte bereits in den Abendstunden sein Wolkenkleid ausgezogen und bot uns (s)einen mystischen Hintergrund. Die feurige Hexen- und Hexenmeisterprüfung mit Bärlappsamenpulver bestanden nur wenige – ich auch nicht.

Beltane 2009 am Johannishögl: am Beltane-Feuer mit dem Untersberg im Hintergrund.

Im Laufe des Abends öffnete sich noch einmal der Himmel und spendete uns mit ein paar Tropfen den Beltanesegen – und es waren nicht mehr als ein paar Tropfen! Wie meinte Stefan aus Rottau: Das Schöne am Schamanismus ist, wie schnell und direkt man die Verbindung mit den Elementen erfährt.

Nach Mitternacht begann es wieder zur regnen. Manche Hexe oder Hexenmeister mögen noch unterwegs gewesen sein, aber wir lagen bereits wieder in den heimischen Federn, rochen noch den würzigen Holzrauch auf unserer Haut und träumten bald von den Windgeistern des Johannishögls, vom Falkenboten, vom Kuckuck und dem Käuzchen und …

PACE

Der Eintritt in die Höhle wird zum schamanischen Tod, der Austritt zur Wiedergeburt.

Rainer Limpöck

Schamanische Arbeit im Bauch von Mutter Erde

Während ich bereits in der *Zauberkraft der Berge* im Kapitel „Quintessenz – Äther" meine schamanische Arbeit durch Trommelgruppen beschrieb, änderte sich kurz darauf durch den Umzug des „Steinzeitmuseums" auch mein Trommelort. Genauso wie beim Alpenschamanentreffen plötzlich das Gefühl da war, dass der Untersberg ruft, streckte ich meine Fühler in die Bioregion Untersberg aus – in meine Heimat.

Schnell hatte ich bei einem früheren Schulkameraden ein erstes neues Trommeldomizil gefunden. Er hatte sich zusammen mit seiner Partnerin ein Grundstück in freier Natur gekauft, ganz in der Nähe des einstigen keltischen Kultzentrums von Bad Reichenhall, beim Langacker. Ein Kräutergarten sollte hier entstehen, fast schon ein Naturpark mit grandioser Sicht auf den Untersberg. Auch eine Feuerstelle war bereits eingerichtet und für Schlechtwetter sollte bald eine Jurte zur Verfügung stehen.

Hier konnte ich mir vorstellen, schamanisch weiterzuarbeiten. Doch in den langen Wintermonaten erwuchs eine Alternative. Ich begleitete einen Geburtstagsjubilar im Januar 2009 in eine unserer Kulthöhlen. Ich begleitete ihn bei seinem schamanischen Tod beim Betreten des Bauches von Mutter Erde, führte ihn rituell durch den Reinigungs- und Energetisierungsprozess in der Höhle und sah seine Wiedergeburt beim Austritt aus der Unterwelt. Und da wurde mir wieder vor Augen geführt, wie eindrucksvoll und direkt Bewusstwerdungsprozesse unter der Erde ablaufen.

Da gab es ja noch eine zweite Kulthöhle, die uns bereits durch den Jahreskreis geführt (siehe *Die Zauberkraft der Berge*) und den Sinn- und Wegsuchenden sich stets geöffnet hatte. Wie ich bereits über die Bedeutung von Höhlen für den Menschen ausgeführt habe, stellen sie die Verbindung zur Erdmutter und zu den Ahnen her.

Und so entstand die Einladung zur schamanischen Arbeit in einer Höhle gegenüber dem Untersberg, in der es dann hieß:

Warum schamanisch arbeiten in einer Höhle?

Der Eintritt in die Höhle (Unterwelt) wird zum schamanischen Tod , der Austritt zur Wiedergeburt. Wir kehren zurück in den Bauch von Mutter

Trommeln in der Kreissenhöhle.

Erde und machen eine archaische Erfahrung in der Wildnis. In unserer reizüberfluteten Alltagswelt sind Orte der Stille selten geworden. Manche Kraftorte oder frühere Kultplätze erweisen sich noch aufgrund ihrer abseitigen Lage als Orte der Stille. An ihnen ist Einkehr und Heilung möglich. Höhlen gehören zu diesen seltenen Orten der Kraft. Sie wurden schon zu Urzeiten bewohnt oder zu Kultzwecken genutzt. Die Komposition aus Stein und Stille bildet für uns die Kulisse für schamanische Reisen. Das Platzangebot ist begrenzt und eng – fast wie in einer Schwitzhütte. Die Sinneseindrücke beschränken sich auf Feuer, Fels und Töne. Wir entzünden mitgebrachte Kerzen oder Fackeln und „bringen Licht ins Dunkel". Wir zeigen unser Antlitz dem Geist der Höhle und bitten um Aufnahme. Wir ziehen den *goldenen Ring* – den magischen Schutz- und Bannkreis. Wir entzünden gemeinsam ein Feuer, dessen Schein, Rauch und Wärme uns reinigen und beschützen. Wir übergeben dem Feuer ein Rauchopfer. Wir trommeln uns ein, nehmen Kontakt mit dem Stein um uns herum auf.
Wir gehen auf die schamanische Reise.

Ein Ort agiert auf dynamische Weise mit unserem Bewusstsein. Er birgt seine eigenen Erinnerungen an Geschehnisse und seine eigene mythische Natur, den genius loci oder Geist des Ortes, der unsichtbar sein mag, aber durch menschliche – und tierische – Besucher wahrgenommen werden kann, besonders in einem entsprechenden mentalen Zustand.

Paul Devereux

Ansichten eines Berggeistes

Bei einer dieser Reisen bekam ein Teilnehmer – Walter H. – Kontakt zum Untersberggeist. Er zeigte sich ihm auf eine so klare Weise, dass er ihn später zeichnen konnte. Als ich in meinem Internetforum Alpenschamanismus diese Zeichnung veröffentlichte, meldete sich Forumsmitglied „Berghexe“: *Spontan ist mir dazu folgendes eingefallen: Kennt ihr „das Gesicht“ vom Untersberg? Wenn man im Winter (d.h., es muss Schnee auf den Untersberg gefallen sein) den Untersberg südlich von Salzburg aus betrachtet – (am besten von Puch bei Salzburg), dann erkennt man ein bärtiges Gesicht in der steilen Felswand ... und dieses Gesicht ähnelt ziemlich dem oben abgebildeten Berggeist!!* Da die „Berghexe“ mir kurz darauf ein Foto von dem Gesicht zukommen ließ, konnte ich in einer Collage einen Vergleich der Zeichnung mit dem Foto anfertigen.

Walter H. erkannte in ihm seinen männlichen Aspekt, den er vor allem durch seine massive monolithische Form verkörpert. Viele Menschen nehmen nur diese dominante Seite und Ansicht seines Wesens wahr. Auch in der Mythologie dominieren die männlichen Bewohner des Bergs: Kaiser Karl, die Untersberg-Mandl, der Riese Abfalter und auch im Mythos von Lazarus Gitschner scheint er überwiegend „männliche“ Sichtungen bei einem Besuch im Berginneren zu ermöglichen.

Der Schamanin Mondina hat sich der Untersberggeist zunächst als „Geistin“ gezeigt, später hat sie ihn als Dreigestalt erlebt. Sie schrieb mir dazu: *Eindrucksvoll und begeisternd bleibt für mich allerdings die „lichtvolle Geistin“. Die Geistin „meldet“ sich auch, wenn ich nicht bewusst an sie denke und/oder sie um Hilfe bitten will. Wenn meine (teils sorgenvollen) Gedanken (...) nicht zur Ruhe kommen wollen, dann hör und spür ich „diesen“ Pulsschlag ... und bekomme Kraft bzw. die sorgenvollen Gedanken treten einfach in den Hintergrund oder werden in ihrem lichtvollen Bereich aufgelöst.*

Der weibliche Aspekt – sein wahres Wesen, wie ich erkannt habe, ist nur beim direkten Kontakt mit seiner Seele zu erfahren – im Gebet, in Trance. Zu dominant sind (noch) die patriarchalen Strukturen der menschlichen Kultur und Religion in seinem Umland. Doch die „Wilden Frauen“ tanzen inzwischen wieder – ohne Angst vor Inquisition.

Gemälde von Walter Hein: der Untersberggeist.

Foto von „Berghexe": der Untersberggeist (unterhalb des Geierecks).

Vergleich von Gemälde und Foto des Untersberggeistes.

Ihr Geister, ew'ge Kräfte der Natur,
Die in der Tiefe dieses Berges walten,
Die lang in seiner Nacht, in seinen Spalten
gefesselt lagen, bis ich sie befreyt,
Vernehmt mein Wort! – Gekommen ist die Zeit,
Wo ihr des Dankes heil'gen Schwur
Erfüllen könnt und eure Macht entfalten
Für euren Meister, dem ihr sie geweiht!

Gesang aus der Oper „Der Untersberg"
von Johann Nepomuk von Poißl, 1829

Auf dem Heilsweg: Der Berggeist heilt

Es war im Juli 2009. Meine Frau war hochschwanger und wir erwarteten im August unseren Nachwuchs. Kurzfristig hatten wir uns zu einer Urlaubswoche in Ungarn entschieden, um unsere Zweisamkeit noch einmal zu genießen. Wieder zu Hause, hatte die Mobilbox ein paar Anrufe vermerkt. Bei einer dieser Nummern rief ich erst ein paar Tage später zurück. Michaela L. (Name geändert), die ich im Frühjahr bei meiner Ostara-Tour auf den Falkenstein zum ersten Mal kennen gelernt hatte, wollte mir von einer schamanischen Reise zum Untersberggeist erzählen.

Ihr waren die gehäuften tödlichen Bergunfälle am Untersberg kurz vor der Sommersonnenwende aufgefallen und sie nutzte ihre Reise zu einem Kontakt mit dem Geist des Untersberges. Und da habe ihr dieser erzählt – etwas erbost –, dass nicht er es sei, der Opfer fordere. Es seien vielmehr die „Irrlichter" in seiner Region, die zu den Unfällen führten.

Ich dankte ihr für diese Information, denn schließlich hatte ich selber die Frage nach dem Grund für diese „Opfer" in meinem Forum und in meinem Rundbrief gestellt. Es war mein Anliegen, auf die Bedürfnisse dieses Berges aufmerksam zu machen, und ich appellierte zu einem sorgsameren, ehrfürchtigeren Umgang mit ihm. Seine „Berichtigung" meiner „Opfertheorie" erfolgte nun prompt – aber darin lag auch eine versteckte Botschaft.

Kurz darauf sprach mich in meiner alpenschamanischen Arbeitsgruppe eine Bekannte an, die mit Michaela sehr innig verbunden ist, sie quasi als zweite Tochter angenommen hatte.

Sie wollte wissen, was mir Michaela am Telefon mitgeteilt habe, und ich erzählte ihr das Reiseerlebnis.

Dies sei nur ein vorgeschobenes Erlebnis gewesen. Es gehe ihr sehr schlecht, seit sie von einer Referentin einer Heilpraktikerschule, die sie schamanisch ausbilde, durch Auspendeln erfahren habe, dass sie und ihr Kind die Schwangerschaft bzw. die Geburt nicht überleben würden. Michaela M. habe daraufhin die Ausbildung abgebrochen und sei in schwere Depressionen verfallen, die kaum als Schwangerschaftsdepression anzusehen sei.
Ich war entsetzt, wütend und zunächst hilflos. Wie kann ein schamanisch tätiger Mensch – wie kann überhaupt ein Mensch einer werdenden Mutter so eine Prophezeiung stellen? Michaelas „zweite Mutter" hatte versucht, sie zu einem Anruf bei mir zu motivieren, da sie wohl viel von mir halte, und um Hilfe zu bitten. Jedoch kam dann tatsächlich nur die Geschichte von ihrer Begegnung mit dem Untersberggeist bei mir an.
Meine Frau und ich grübelten und diskutierten. Hier war Hilfe angesagt – schnelle Hilfe! Ich rief am nächsten Tag bei ihr an und bot ihr Hilfe an.
Inzwischen war mir einiges klar geworden. Michaela war bei der Ostara-Tour am Falkenstein dabei gewesen. Sie hatte dort – wie alle anderen – den Durchkriechbrauch in der Kulthöhle zelebriert. Von diesem Kraft- und Kultort heißt es, dass Frauen schon seit Urzeiten dorthin pilgerten, um für Fruchtbarkeit zu beten oder für eine gute Geburt. Einen Monat später war Michaela – trotz Verhütung – schwanger. Die Macht und Kraft der Durchschlupfsteine oder des Kultes?
Ich dachte sofort an mein großes Glück, als sich unser Kinderwunsch in diesem Jahr erfüllt hatte. Vieles deutet daraufhin, dass auch unser Pilgern zu den fruchtbarkeitsspendenden Steinen schließlich zu der – laut Ärzten – medizinisch nicht möglichen Empfängnis verhalf. Für Michaela begann eine Zeit des Zweifelns. Sie war noch relativ jung (28 Jahre) und steckte gerade in ihrer Ausbildung zur Tierheilpraktikerin – die schamanische Ausbildung lief parallel – und wollte sich selbstständig machen. Bis jetzt war sie als gelernte Buchhändlerin in einem Sekretariat tätig gewesen. Beruflich schienen sich also gerade die Weichen zu stellen.
Sie entschied sich – zunächst allein – für das Kind.
Dann kamen die „schamanische Beratung" – und die tiefe Krise.

Ihre schamanische Reise zum Untersberg erschloss den Weg der Reinigung. Ich bat sie, zu mir zu kommen. Ich wollte einen klärenden Weg mit ihr gehen. Sie willigte ein, obwohl ich ihr zunächst nicht sagte, wo es hingehen sollte. Ich hatte sie allerdings durch den Einfluss des Berggeistes vom Falkenstein aufmerksam gemacht, was ihr zunächst noch nicht aufgefallen war. Nun ging es um ihr Leben und um das Leben, das in ihr entstand. Lebendigkeit und Kraft und Liebe waren jetzt notwendig – für Mutter und Kind.

Lebendiges Wasser und ein liebevoller Berggeist sollten helfen – und da kann es in unserer Bioregion nur einen geben: den Untersberg – ein Herzchakra der Erde, ein Berg, um den schon vor Urzeiten die Drei Weisen Frauen, die Drei Saligen, die Drei Bethen – die Muttergöttinentrinität – wirksam gewesen sind.
Michaela erschien am späten Nachmittag zur vereinbarten Uhrzeit. Sie wirkte – trotz allem – entspannt und freute sich, mit mir diesen Weg zu ihrem Heil gehen zu dürfen. Der schamanische Weg war ihr durch die böse Erfahrung „schwer" geworden, wie sie wörtlich sagte. Es zog sie zur Arbeit mit den Engeln, die ihr in dieser Situation die notwendige Leichtigkeit verschaffte.
Obwohl es den Tag über bewölkt war und auch der Wetterbericht eher labile Witterung vorhersagte, hatte es bis zu unserer Abfahrt in Bad Reichenhall aufgeklart. Die Sonne lachte vom Himmel und wir fuhren hoffnungsvoll und frohgemut am Untersberg entlang Richtung Almbachklamm. Im Laufe der Fahrt erklärte ich ihr, warum der Berg sie jetzt zu sich rief und wohin uns dieser Weg führen sollte: zunächst hinab von Maria Gern in die Almbachklamm.
Sie erklärte, ihre Fitness durch die schlechte Phase in den letzten Wochen, in denen sie kaum mehr herausgekommen und bereits krankgeschrieben war, verloren und höchstens noch eine halbe Stunde auf ebener Strecke zuletzt geschafft zu haben.
Nun würde es also bergab gehen – ungewöhnlich, wenn man zu einem Berggeist fuhr, zu dem man/frau in der Regel doch erst mal emporsteigt. Das beruhigte sie etwas, ebenso die Wegdauer von einer Dreiviertelstunde.
Am Beginn des eigentlichen Steiges hinab zur Klamm, der nun von dem Forstweg abzweigte, bat ich um stille Kontaktaufnahme mit den Geistern des Ortes und um Bitte um Einlass.
Auf dem weiteren Hin- und Rückweg begegneten uns aufgrund der späten Tageszeit kaum Wanderer.
Während unseres Abstiegs unterhielten wir uns noch über ihre Geschichte und über die Berggeister. In der Abendsonne leuchtete uns auf der gegenüberliegenden Schluchtseite der Wallfahrtsort Maria Ettenberg herüber und der Untersberg thronte majestätisch über uns und warf schon lange Schatten.
Michaela stieg problemlos den steilen Weg hinab und wir erreichten bald die Theresienklause – den Scheideweg. Hier trennten sich die offiziellen Steige von dem versteckten Weg zum Quellheiligtum. Und schon hier, im Bachbett oberhalb der Klause, begrüßten uns die ersten Steinmandl. So weit vor dem Kraftort hatte ich sie bisher noch nie beobachtet. Sie markierten den Beginn des heiligen Areals, sie schufen Aufmerksamkeit. Mit dem Überqueren der Klause auf die andere Tal- bzw. Schluchtseite, verließen wir auch die alltägliche Realität und begaben uns auf den Weg der Erkenntnis und des Heils. In diesem Moment ging

Michaela L.: Almbachklamm.

die Sonne über den „Rauen Köpfen“ hoch über uns unter. Wir liefen nun im Schatten der „Rauen Köpfe“ – im Schatten unserer Verstandeswelt. Die Energie begann sich zu ändern.
Der nicht gepflegte und unterhaltene Steig oberhalb des Almbaches erforderte jetzt alle Aufmerksamkeit. Der starke Regen der vergangenen Wochen hatte viel Erdreich abrutschen lassen und teilweise war er stark überwachsen. In der letzten Kurve vor dem Quellareal grüßten wieder Steinmandl zu uns herauf. Kurz vor Erreichen des Ziels ließ ich Michaela vorgehen, sie sollte als Erste den Ort wahr-nehmen.

Wir waren allein am Ziel – das heißt ohne menschliche Begleiter. Michaela ließ sich von der Madonna und der zu ihren Füßen lebendig sprudelnden Quelle verzaubern. Schließlich trat ich zu ihr, nur um mich gleich wieder in das wenige Meter entfernte Almbachbett zurückzuziehen. Ich wollte mein „Opfer" in Form von Steinmandl erbringen. Schier unzählige steinerne Wesen empfingen mich dort bereits. Auch wenn im Frühjahr durch die Schneeschmelze oder durch heftige Gewitterregen der Almbach in seiner ganzen Breite durchspült wird und die Steinmandl „vergehen", sie stehen stets wieder auf – werden von den zahlreichen Heilsuchenden immer wieder neu aufgebaut. Ein Ort, an dem die Menschen mit den Elementen sprechen. Und das tat auch Michaela.
Ich fragte mich, wann ich wohl wissen würde, dass ihre Zwiesprache beendet sei, denn schließlich sollte sie zum Abschluss ihre Kraft und letzte Reinigung im Medizinrad erhalten, das ca. 50 Meter hinter der Madonna im Wald auf uns wartete.
Da zeichneten sich auf den hellen Bachsteinen plötzlich dunkle Kreise ab – es fing zu tröpfeln an. Der Himmel hatte sich plötzlich verdunkelt. Ich verstand. Ich verabschiedete mich vom steinernen Volk und ging wieder hinüber zur Quelle. Michaela kam auf mich zu und meinte, sie sei gerade fertig geworden und wolle auch noch ein Steinmandl bauen. Doch ich bat sie, umgehend mit mir zum Medizinrad zu gehen, was sie auch tat.
Dann ging alles ziemlich schnell. Ich rückte noch ein paar durch den vergangenen Winter versetzte Steine zurecht, zündete eine Kerze an, die ich ins Zentrum des Medizinrads stellte, räucherte Michaela mit Salbei ab und bat sie, in den Lebenskreis einzutreten.
Es begann zu regnen … was nun an Regen vom Himmel kam, war kein normaler Regen – es war eine Sturzflut, die sich über uns ergoss, reinigte und heilte.
Mit dem Erlöschen der Kerzenflamme war das Aufbruchsignal gekommen. Vorne an der Heilquelle füllten wir unsere mitgebrachten leeren Flaschen auf. Ein seltsamer „Zufall" – wir hatten beide jeweils eine leere Flasche von der St. Leonhardsquelle dabei und dieses Waser galt ebenso wie das Quellwasser bei der Irlmaiermadonna als lebendiges Wasser.
Noch beim Wasserabfüllen, wo uns das Element Wasser nun von allen Seiten regelrecht umfloss, meinte ich zu Michaela, dass ich spürte, dass am Rückweg der Regen wieder aufhören würde.
Noch vor Erreichen der Theresienklause klarte es wieder auf und der Regen hörte auf. Nun fiel es auch Michaela auf – der Segen von oben kam als Zeichen der letzten Reinigung, nachdem sie im Zwiegespräch mit dem Berggeist ihre Ängste losgelassen hatte. Und hier – zurückgekehrt aus jener Anderswelt – erzählte sie mir von ihrer Aussprache. Sie konnte jene „schamanische Beraterin" als eine Wegbegleiterin anneh-

Michaela L.: Almbachklamm.

men, die sie dazu brachte, sich absolut auf ihr werdendes Kind einzulassen. Sie konnte ihr dafür sogar danke sagen.
Michaela wirkte frei, erlöst von einem schweren Druck. Sie sagte, dass sie dort hinten ein erst einmal erlebtes Gefühl von unsagbarer grenzenloser Liebe erfahren hatte dürfen.
Sie war an einem Herzchakra der Erde gewesen und hatte dessen Bedeutung für die Kinder von Mutter Erde erlebt und angenommen.
Nun war es an der Zeit, ihr Steinmandl als kleines Dankeschön zu bauen. Und sie setzte es noch vor dem Hinüberwechseln zur anderen Talseite, dort, wo die andere Wirklichkeit begann und wieder endete.
Ein Geschenk erhielt sie nun, als wir auf der anderen Talseite standen und zurückblickten – zurück in die Anderswelt. Während über den Rauen Köpfen sich eine lichte Aura auftat, die zeigte, dass die Sonne noch lange nicht hinter dem Horizont verschwunden war – vielmehr zurückgekommen ist, um den Heimweg ins Licht zu tauchen –, stiegen am Ende der Klamm, wo der Bergwald begann und wir kurz zuvor an der Madonna geweilt hatten, die Nebel auf (siehe Foto oben).
Dort hatte Michaela – im wahrsten Sinne des Wortes – „Dampf abgelassen" und den sah sie jetzt, wie er langsam gen Himmel stieg und sich dabei langsam drehend auflöste.
Sichtbare Transformation durch die Elementargeister. Ein ungläubiges Staunen erfüllte ihr Gesicht. Sie war frei.
Michaela, ihr Partner und das gemeinsame Kind leben heute glücklich und zufrieden in ihrer Heimat im oberbayerischen Chiemgau.

Krafttiere sind Tiere in der Geistwelt,
die uns begleiten und uns zur Seite stehen.
Sie sind Beschützer, Hüter und Lehrer des Menschen.

Rainer Limpöck

Begegnung mit einem Krafttier

Krafttiere erscheinen ja nicht nur in einer schamanischen Reise, sondern auch in der alltäglichen Wirklichkeit. Das sind dann oft sehr bewegende Erlebnisse, die einem die Verbundenheit mit allem zeigen. Ein Beispiel einer Frau aus dem Bekanntenkreis – Margrit Bonhagen: Auf dem Weg zur Irlmaiermadonna (Kraftort zu Füßen des Untersberges) fiel ihr auf einer steilen und schmalen Wegstelle – es war also kein Ausweichen möglich – ein großer Stein fast vor die Füße und einen Augenblick später stürzte ein kapitaler Gamsbock hinterher, landete auf dem Rücken, um sich nach einem kurzen Besinnungsmoment wieder aufzurappeln und einfach weiterzulaufen.
Nun sind ja Gämsen in den Bergen keine Seltenheit, zumal sie die absoluten Kletterspezialisten unter den Tieren sind. Wenn dann aber so eine Gams mal „danebentritt“ und einem quasi vor die Füße fällt, kann man/frau schon einen gehörigen Schrecken bekommen und sich – falls man/frau schamanische Ambitionen hat – überlegen, was das wohl zu bedeuten hat.
Die Bergwanderin Margrit Bonhagen besaß jedenfalls seit einiger Zeit eine Schamanentrommel aus Gamsleder und das Erlebnis war ein „Geschenk des Himmels“ – ein Geschenk aus der Anderswelt, die an diesem Wegabschnitt fast ständig präsent ist. Ihr Kafttier war übrigens schon seit langer Zeit die Gams.

Almbachklamm Gruppe Medizinradbau (in diesem Bereich fiel der Gamsbock an Margrit Bonhagen vorbei).

Djäh di ei ho, djäh di ei ho
Alperer, Alperer,
ho

Der Alperer-Jodler als Gruß an den Berggeist

Verständigung mit dem Berggeist

Die Sprache der Natur und ihrer Wesen wieder zu hören, zu erlernen und auch zu verstehen, sehe ich als eine wichtige Herausforderung in der heutigen Zeit, um die Erde wieder als unsere Mutter zu achten. Der Untersberg hat die Menschen über die Zeiten ihrer Existenz als großer Berggeist mit seinen außergewöhnlichen Drachenkräften begleitet – mal als Wunderberg, als Schicksalsberg, als Pilgerberg oder als Heilsberg.

Ich habe viele Menschen kennen gelernt, die sogar von weit außerhalb seines Wirkungskreises seinen Ruf hörten und ihm folgten. Die folgende Geschichte von Ludwig Schön vom Bodensee, dem ich 2010 zum ersten Mal persönlich begegnete und dem ich mich freundschaftlich verbunden fühle, beschreibt jene eigenartige Faszination, die der Berg ausübt. In Ludwigs Verhältnis zu dem Berg wird auch eine Veränderung seiner Lebenssituation deutlich. Für seine neue Partnerin und ihn wird der Untersberg sogar für eine Zeit die wahrhafte Mitte ihres Lebens, da er am Bodensee und sie bis dahin noch in Wien lebte und sie sich daher öfters am Untersberg – also in der Mitte – trafen.

Er bekommt Kontakt zu jenem Wesen, sucht intuitiv markante Kraftorte bei ihm auf, erhält über einen Stein Zugang zu einem Dimensionstor und erfährt schließlich über eine schamanische Reise die Bedeutung von Mutter Erde. Er hat den Ruf verstanden und schrieb an mich:

Vor Jahren war ich schon einmal am Untersberg gewesen, hatte die Schellenberger Eishöhle besucht und den Ettenberg. Seither wollte ich immer wieder hin, aber es ergab sich nicht. 2010 war es dann so weit, dass das Leben mir unerwartet die Umstände so zurechtlegte, dass ich sechsmal hintereinander zum Untersberg fuhr.

Es begann im Mai, dass ich mit meiner Partnerin in der Kugelmühle bei der Almbachklamm zu Abend aß. Da ich immer eine Schwäche für edle Steine hatte, schaute ich mir die Ausstellung der Marmorkugeln vom Untersberg mit dem festen Entschluss „Ich kaufe nichts“ an. Die Kugeln waren recht schön und ich konnte sie gut lassen. Nur eine zog mich magisch an. Ich schlich ein bisschen nach links und nach rechts. Aber sie ließ mich nicht mehr los. Also bat ich die Verkäuferin, sie mir zurückzulegen.

Am nächsten Tag kamen wir wieder zum Essen und ich ließ sie mir wieder zeigen. Unwiderstehlich schaute sie mich erneut an. Ihre Ausstrahlung ließ mir keine Ruhe. Aber da ich ja nichts kaufen wollte, ließ ich sie nochmals für mich zurücklegen.
Am dritten Tag konnte ich dann nicht widerstehen. Es war klar, dass sie mitwollte und ich hatte die klare Eingebung, dass diese Kugel ein Dimensionstor ist. Ob ich darin ein Auge sah oder einen Tunnel, intuitiv hatte ich das Gefühl, dass diese Kugel mir helfen wird, Zugang zum Berg zu finden.
So nahm ich sie mit und zum Abschluss machten wir noch eine wunderschöne Meditation am Eingang in die Klamm, wo wir bald die Präsenz der Naturgeister deutlich spürten.
Bald war Pfingsten und wir kamen wieder zum Untersberg. Es sind immerhin 360 km vom Bodensee zu fahren.
Diesmal wohnten wir in Maria Gern. Wir wanderten in die Almbachklamm, um die Heilquelle bei der Irlmaiermadonna kennenzulernen. Meine Kugel hatte ich natürlich dabei und legte sie in die Quelle. Einerseits zum Reinigen, andererseits damit sie sich ganz mit der Energie des Berges verbinden konnte. Ich hütete sie wie meinen Augapfel und nahm sie seither gerne zum Meditieren.
Bei diesem Aufenthalt lernten wir auch Rainer kennen, den Alpenschamanen. Wir hatten gleich eine Herzensverbindung und sind seither in Kontakt. Kurz zuvor hatten wir ja auch den Herzstein besucht und da auch meditiert. Und auch dort spürten wir irgendeine Präsenz. Wir waren nicht alleine da. An Rainer gefiel mir seine einfühlsame Art, wie er den Menschen den Berg und seine Mystik näherbringen möchte, ohne dabei Sensationen zu erzeugen.
Dann stolperte ich über das Buch *Steine der Macht* und bald darauf traf ich auch den Autor. Ein spannendes Buch, bei dem man die Grenze zwischen Erlebtem und Erdachtem selbst herausfinden muss. Auf jeden Fall hat er mein Interesse an Zeitanomalien wieder geweckt.
Es folgten vier weitere Aufenthalte rund um den Untersberg, bei denen wir ihn von allen Seiten erkundeten. Dazu gehörten auch einige Höhlen. Die Höhle, welche mich am meisten beeindruckte, war das Karlsohr. Hier ging es 22 Meter senkrecht nach unten. Zunächst durch einen engen Hals, der nur ein kleines Loch im Waldboden ist. Dann in einen breiten Bauch. Ich kam mir vor wie in einer Wunderflasche aus Tausendundeiner Nacht. Diese Höhle diente wohl schon unseren Vorfahren, als ein Orakelplatz, wo man hellhören konnte. Zufälligerweise trafen wir dort eine Kräuterfrau, die uns auf das Hasenohr aufmerksam machte, eine Pflanze, die das Hellhören unterstützen soll. Sie wächst genau am Höhleneingang.
Den Höhepunkt erfuhr ich aber bei meiner siebten Reise, die das Ganze für mich zunächst abrundete für dieses Jahr. Es war eine innere Reise mit einer Schamanin hier am Bodensee.

Dabei erlebte ich Folgendes:
Es geht um die Rückholung eines Seelenanteils, des verlorenen Heilers. Ein Boot, wie ein Kanu, fährt auf einem Fluss in einem weiten Tal. Es hat keinen Motor und niemand paddelt, aber es fährt flussaufwärts. Es kommt an eine Ampel oder zu einem Tunnel. Davor hält es an. Es ist ein Eingang in das Innere des Berges. Es ist ein Tor, eine Art Dimensionstor. Im Boot sitze ich.
Ich trete ein. Es ist jetzt ein Weg im Berg, kein Fluss mehr. Es ist dunkel, doch vorne kommt Licht. Ich gehe weiter und komme in eine große, hohe, kuppelartige Halle. Sie ist hell erleuchtet, bläulich weiß. In der Mitte steht ein runder Tisch. Aber es ist niemand darin. In der Mitte der Kuppel ist ein Schacht nach außen, wie ein Kamin.
Ich beginne, im Berg langsam die Struktur eines Kopfes wahrzunehmen. Der Fels selbst entspricht einem großen Kopf eines großen weisen Wesens. Die Kuppel gleicht der Mundhöhle. Der Kamin leitet meine Wahrnehmung auf den höchsten Punkt in meinem Gaumen.
Ich habe den Impuls, meinen Gaumenpunkt zu drücken, zu stimulieren. Gleichzeitig mit dem anderen Finger meinen Scheitel. Danach habe ich den Impuls, meine beiden Schläfen zu berühren. Ich wiederhole das nochmals und stelle damit energetisch eine Verbindung her. So entsteht ein gleichschenkliges Kreuz. Um dies weiter zu festigen, verbinde (verkable) ich die beiden Achsen nochmals.
Ich erlebe mich jetzt als kleiner Mensch in der Mundhöhle des Berggeistes (Apu* des Untersberges). Aber gleichzeitig bin ich dieser große Bergkopf und spüre sogar Bäume statt Haaren auf meinem Kopf.
Jegliche Trennung löst sich auf. Ich spüre es jetzt auch ganz deutlich energetisch.
Um meinen kleinen Körper spüre ich eine Membran als Abschluss und Schutz meiner Aura. Diese ist jetzt identisch mit dem Raum im Berg. Es ist jetzt nicht mehr ein Raum mit Kuppel, sondern ein völlig runder, kugelartiger Raum. Meine Aura, der Berg und der Berggeist verschmelzen weiter, werden eins.
Jetzt kommt noch eine weitere Dimension hinzu. Ich erlebe schwarzen Raum mit Sternen, alles umgebend und unendlich groß. Mit dieser Wahrnehmung wird auch mein Bewusstsein immer größer und ich bin eins mit dem Kosmos wie auch mit dem Berg und meinem Körper. Alles ist eins. Ich bin alles.
Ich fühle grenzenlosen Frieden rundherum.
Jetzt möchte die Schamanin mit mir in frühere Leben gehen und beginnt, von einem Haus mit Dach zu erzählen. In der Mitte unter dem First trennt eine Wand das Haus in zwei gleiche Hälften. Auf beiden Seiten steht ein Mensch mit den Händen zur Wand. Sie wollen sich ver-

*) Als „Apu" werden die Geistwesen der heiligen Berge der Anden bezeichnet.

binden, aber die Wand ist dazwischen. Es sind zwei Hälften, die rechte ist dunkel, die linke hell.
Ich höre die Worte der Schamanin, kann mich aber kaum darauf konzentrieren. Ich bleibe mehr in meinem Einssein mit dem Kosmos und allem. Ich erlebe tiefen Frieden.
Sie kann das nachvollziehen und lässt es geschehen.
Der Hinweis auf die dunkle Seite weckt in mir Bilder von den Machtverhältnissen auf der Erde. So sehe ich die Erde als kleine Kugel in mir, im Kosmos. All die Menschen sind Teil der großen Einheit, die ich fühle. Die Erde ist dunkel. Ich sehe sie wie eine ca. 7–8 cm große Kugel rechts außen an meinem Oberschenkel.
Ich möchte kein Licht hineinsenden, denn ich weiß, das wäre für die Menschheit zu heftig und viele würden es nicht überleben. Ich verbinde aber die „Kugel" mit meinem Herzzentrum durch einen kleinen Schlauch und beginne, das Dunkle der Erde wie schwarze Tinte durch den Schlauch in mein Herz zu ziehen, bis die Kugel klar ist. Dadurch wird die Farbe meines Herzens etwas dunkler. Es ist jetzt weinrot. Und ich empfinde eine Bereicherung durch so viel menschliche Erfahrung. Alles ist in mir. Ich bin in tiefem Frieden. Jetzt spüre ich die Kugel in meinem Herzzentrum, aber an der Oberfläche meines Körpers. Ich atme durch die Kugel. Dadurch wird die Verbindung noch intensiver fühlbar.
Mein Atem kommt schließlich zur Ruhe, ja völlig zum Stillstand. Ich empfinde einen tiefen Zustand von Frieden und Einheit. Ich muss lange, lange nicht atmen und spüre, wie mein Körper durch eine andere Quelle versorgt wird. Die Polarität ist erloschen. Keine Gedanken, nur SEIN.
Mit der Zeit wird mir bewusst, dass ich sehr lange schon nicht atme und mit der Aufmerksamkeit auf den Atem setzt er wieder ganz flach ein. Aber es ist weniger die Aufnahme von Sauerstoff als die sanfte Rückkehr in die Polarität, in das Pulsieren des irdischen Lebens.
Langsam kommt der Atem zurück, aber ich verbleibe noch eine Weile in diesem tiefen Frieden. Alles ist gut. Ich muss nichts tun.
Dann lasse ich es langsam ausklingen und komme zurück ins Außen.
Danke. Danke. Danke!
Nun bin ich gespannt, was das neue Jahr bringen wird, denn eines ist mir klar: Der Berg ruft.
Ludwig Schön

Bei den Recherchen zu einem meiner Vorträge kam mir der Hinweis auf ein 2007 in der Druckerei „Appenzeller Volksfreund" erschienenes Buch namens *Der Betruf* unter – es ist derzeit auch nur direkt von dort zu beziehen. Bereits in meinem Buch *Die Zauberkraft der Berge* (siehe S. 52 f.) gehe ich unter der Bedeutung magischer Alpgesänge auf jene archaische Gebetsvariante ein.

Ludwig Schön: die Marmorkugel vom Untersberg.

Was macht nun den Betruf für den schamanisch Tätigen so interessant? In den zahlreichen überlieferten und gesammelten Betruftexten gibt es Hinweise auf magische Techniken wie das „Kreisziehen“ (Schutz- und Bannkreis) und die Anrufung höherer Mächte.
Sollte auch der Steinkreis bei der Karalm am Untersberg einen Schutz- und Bannkreis darstellen? Ein Mann aus Berchtesgaden, der einen meiner Untersbergvorträge besucht hatte, informierte mich eines Tages, dass er einen mysteriösen Steinkreis bei einer verfallenen Alm gefunden habe, der ziemlich alt wirkte. Zudem erzählte er mir eine merkwürdige Geschichte von jener Alm, die eines Tages vor vielen Jahren abgebrannt sei, auch der Hirtenjunge sei dabei ums Leben gekommen. Die Sennerin sei daraufhin in die Psychiatrie gekommen. Was damals wirklich geschah, ließ sich nicht mehr in Erfahrung bringen.
Den Steinkreis besuchte allerdings ein mir bekannter Bergfex, dem ich davon berichtet hatte. Und auch er hatte den Eindruck eines künstlich – also von Menschenhand – geschaffenen Steinkreises. Seine Fotos sprechen für sich. Hatte hier der Schutz und Bann des Steinkreises seine Wirkung verloren?
Die Karalm liegt schräg unterhalb der Mittagsscharte (siehe Foto S. 181 oben) und ist von Hinterettenberg aus über einen ebenso verfallenen Steig ab Roßboden erreichbar.

Helmut Schöndorfer: der mysteriöse Steinkreis bei der verfallenen Karalm.

Auf dem Weg zur Karalm gibt es jedoch noch andere „erdige“ Erfahrungen zu machen. Vom Untersberg-Wanderparkplatz Roßboden bei Hinterettenberg (Berchtesgadener Land) wenden wir uns zunächst Richtung Süden und finden an der Straßenkreuzung Ettenberg/Hinterettenberg einen großen gespaltenen Felsen. Diese Spaltfelsen sind im Alpenraum auch als „Fagersteine“ oder „Klobensteine“ bekannt und besitzen eine besondere Kraft. Der als Durchschlupf- oder Durchkriechbrauch bekannte Kult, den ich bereits in *Die Zauberkraft der Berge* (S. 167 ff.) beschrieben habe, wird wohl einst auch hier zelebriert

Helmut Schöndorfer: Blick von der Karalm auf die Mittagsscharte

Helmut Schöndorfer: Grundmauern der Karalm

worden sein, worauf geheimnisvolle Felsritzungen (Petroglyphen) an jenem Objekt schließen lassen.
Wer die schmale Straße Richtung Hinterettenberg von hier aus weitergeht, stößt nach kurzer Zeit rechter Hand auf ein Baumheiligtum (alter Laubbaum mit Kapelle davor, siehe Foto S. 183).
Doch zurück zum Ausgangspunkt Roßboden.
Hier setzt eben der Wanderweg zum beschilderten Scheibenkaser und zur Karalm an, ein verfallener, schwer auffindbarer Steig. Wiederum nach wenigen Gehminuten sieht man auf der gegenüberliegenden

Helmut Schöndorfer: Steinkreis Roßboden.

Bachseite einen großen – offenbar neuzeitlichen – Steinkreis (siehe Fotos auf dieser Seite und S. 180 unten) im Wald liegen.
Hier unter den Südwänden des Berchtesgadener Hochthrons und der Mittagsscharte konzentriert sich ein kultiges Geschehen mit alten und neuen Steinkreisen, Felsritzungen, einem Baumheiligtum, einem Spaltfelsen, dem nahen Abstieg zur Almbachklamm mit seiner Heilquelle und dem Wallfahrtsort Ettenberg – Maria Ettenberg mit der Wallfahrtskirche Maria Heimsuchung, oberhalb von Marktschellenberg gelegen, ist eine Station bei der Untersbergwallfahrt.

Baumheiligtum bei Hinterettenberg.

Was nun den Betruf betrifft, so entstammt dieser heute in der Innerschweiz noch sehr lebendig gebliebene Brauch einem heidnischen Rinderritus, was den praktizierenden Älplern aber kaum noch bekannt ist. Der Autor Tonisep Wyss-Meier sammelte über 20 Jahre Betruf-Texte, befragte in seiner Feldforschung Älpler und hunderte Bergpfarreien. Seine Ergebnisse und Erkenntnisse sind eindrucksvoll und werfen ein neues Licht auf den Betruf.

Die heutigen Betruftexte sind zwar geprägt von „Ave Maria", Lobpreisungen des Herrn und Anrufungen verschiedener katholischer Schutz-

Schlupfstein Hinterettenberg.

heiliger, etymologisch weist Wyss-Meier jedoch dann nach, dass diese Schweizer Lobpreisungen ursprünglich nicht dem Herrgott galten, sondern dem „Lobeli" (Appenzeller Dialektform für „Kuh"), dem „Lioba" oder dem „Laubi" – allesamt Dialektausdrücke für die „Kuh". Der „sicherste Beweis" für das prähistorische Alter von Betruftexten, so schreibt Wyss-Meier, sei eben dieses Wort „Lobe", ein „vorrömisches Wort einer vorkeltischen Sprachschicht im Alpengebiet".

Das Überleben und das Wiederaufblühen dieser archaischen Anrufungen führt Wyss-Meier auf die starke Naturverbundenheit der Älpler zurück. In vielen Texten liest man/frau von den „goldenen Ringen", in denen sich sogar Teile der heiligen Familie – Maria und Jesus – wiederfinden. Denn offenbar gab es außerhalb des Kreises eine größere Macht – die der Natur. Dies erinnert an das aus fast allen Kulturen bekannte magische Kreisziehen.

In einigen Schweizer Regionen wird der Betruf in alle vier Himmelsrichtungen gerufen. So weit der Ruf zu hören war, so weit sollte er auch wirken. Der Autor definiert den Betruf schließlich als einen magische Segen, den nicht etwa die Priester zelebrierten, sondern die Sennmeister (nicht zu verwechseln mit Zenmeister …), eben jene Menschen, denen Tier und Mensch auf den Almen anvertraut waren und die in der Bergeinsamkeit überleben mussten.

Der Betruf war also einst eine Anrufung der Kuh als heiliges Tier, was sie ja heute noch in Indien ist.

Wenn der Betruf von diesen christlichen Einfärbungen befreit wird, kann er wieder zu einem schamanischen Alpsegen werden. Meinen „Bethruf an den Untersberg" verstehe ich im Lichte neuester Erkennt-

nisse. Denn eines fehlte mir in den Ausführungen von Tonisep Wyss-Meier: die etymologische Ableitung des Begriffes „Beten". Keltenexperte Georg Rohrecker führte ihn zurück auf die Drei Bethen: Wilbeth, Borbeth und Ambeth, die keltische Muttergöttinnentrinität. „Beten" bedeutet danach so viel wie „die Göttin anrufen" und damit „die Bethen anrufen" → Betruf. Ich verwende nun bewusst wieder den Namen mit „h" – also Bethruf.
Während sich jener Bethruf nur im Schweizer Raum und nur in wenigen Regionen Österreichs und Bayerns nachweisen lässt, bleibt die Frage, ob in den anderen Alpenländern nicht auch ähnliche archaische Gebetsformen nachzuweisen sind.
Hier bleibt mir derzeit nur der Hinweis eines Mythologen, der den Alpererjodler in seiner „Dreistimmigkeit" und „Dreimaligen Wiederholung" als Lobgesang an die Drei Bethen erkennt.
Auch wenn Bethruf und Jodeln doch recht unterschiedlich in der Intonierung sind, so lassen sich dennoch Ähnlichkeiten feststellen.
In meinem Untersbergbethruf habe ich einerseits seinen weiblichen Innen-Aspekt, wie er sich aus den Sagen und neueren schamanischen Reisen ergibt, berücksichtigt, andererseits auch das Schutzkreisziehen in der schamanischen Arbeit sowie das Ehren der Krafttiere und der Naturwesenheiten. Schließlich beinhaltet er jenen Hinweis auf den geheimnisvollen Kreis der Großen Sieben und den Gruß an das mythische alte matriarchale Volk, wie es die Matriarchatsforscherin Heide Göttner-Abendroth am Untersberg erkennt.

Heiliger Untersberg,
der du die Percht in dir trägst,
bewahre uns vor Unglück, Krankheit und Not.
Wir ziehen den goldenen Ring
als Schutz für all die Menschen und Wesen in unserer Mitte.
Wir rufen die Drei Saligen
und erbitten ihren Segen und Schutz für die Kinder von Mutter Erde.
Lobet das Murmeltier, den Hirsch, den Adler und die Gams

– die Tiere der Berge, die uns Kraft geben.
Lobet die Kräuter der Wiesen und Almen.
Lobet das lebendige Wasser deiner Quellen.
Lobet deine mächtigen raunenden Bäume.
Lobet das stille Wirken deiner Steine und Felsen.
Lobet den Kreis der Großen Sieben.
Wir grüßen das alte Volk,
das in den Mythen und unseren Herzen weiterlebt.

Der Untersberg-Bethruf von Rainer Limpöck, 7. November 2009

Epilog

Auch nachdem ich mein Buchmanuskript in seiner Endfassung beim Verlag vorgelegt hatte, blieb der Ruf des Berges in allen Himmelsrichtungen weiterhin zu hören. Und so erhielt ich Anrufe und Mails, die ich nun in kurzer Form noch als Epilog vermerken möchte.
So rief mich eine Frau – Mutter von zwei Kindern – aus dem Harzer Raum in Deutschland an. Sie erzählte mir, dass sie kürzlich einen so heftigen und realitätsnahen Traum gehabt hätte, der sie nachforschen und schließlich auf mich stießen ließ. Sie sah im Traum einen Berg und vernahm seinen Namen, der ihr bis dahin noch nicht bekannt war: Untersberg. Der Berg rief nach ihr – und sie wusste damit absolut nichts anzufangen. Sie erfuhr, dass sie in einer bestimmten Entfernung vom Berg eine Unterkunft finden wird und dass sie von dort sich schließlich auf den Weg zu einer Höhle des Untersberges machen würde, um mehr zu erfahren.
Dieser sehr realitätsnahe Traum veranlasste sie nun wie gesagt zum Recherchieren. Sie fand den Berg im Internet und auch die Verbindung mit dem schlafenden Kaiser Barbarossa, der sowohl in ihrem Heimatberg Kyffhäuser als auch im fernen Untersberg der Sage nach mit seinen Getreuen auf die Endzeitschlacht wartet.
Sie kündigte an, mit ihrer ganzen Familie im Sommer 2011 Urlaub in der Untersbergregion zu machen, dem Ruf zu folgen und seinen Sinn zu finden.
Was wird sie nun dort finden? Werde ich wieder von ihr hören?

In einer Mail bekam ich Nachricht von einer Frau aus dem niederösterreichischen Kritzendorf. Sie stieß „zufällig" auf meine Website, die sie „etwas aufwirbelte". In ihrer Kindheit lebte sie im Angesicht des Untersbergs in Hallein. Vor einiger Zeit entdeckte sie ihr starkes Interesse für Schamanismus. In einer Trancereise wurde ihr plötzlich eine Höhle des Untersberges als persönlicher Kraftort gezeigt. Ein dort vorhandener Bergkristall reinigt und energetisiert sie nun immer, wenn sie es braucht. Sie bezeichnet jenen Unterweltort als ihre Heimat und war überrascht, diesen Ort als allgemeinen Kraftort auf meiner Website wiederzufinden.
Der ehemalige österreichische Schirennläufer David Zwilling, Weltmeister in der Abfahrt 1974, schrieb mich schließlich an, um mir sein Projekt „Wertegemeinschaft ‚Alles wirkt im Stern der Liebe!'" vorzustellen. Es ist dies die Vision von einem neuen Wirtschaftssystem für die Menschheit im Wandel der Zeit. Nach einer Vision einer weiteren Projektmitarbeiterin sollte der Projektstart am Untersberg sein, da diesem Berg eine hohe spirituelle Bedeutung in der heutigen Zeit zukommt. Der „Stern der Liebe", der sich als ein Kunstobjekt in Form eines 12

(!)-eckigen Sterns aus Steinen und Seilen darstellt, wird im August 2011 im Marienheilgarten gesetzt. Im Anschluss gehen die Projektbegründer und Visionäre bei der Untersbergwallfahrt mit und am 15. August wird er zum Hohen Frauentag kirchlich gesegnet.
Ein weiteres Beispiel für die Bedeutung von Visionen am Untersberg, die dieser mitträgt und unterstützt – als ein Herzchakra der Erde.

Und schließlich ergaben sich im Frühjahr noch zwei Filmprojekte über den Untersberg. Beide wurden durch Initiativen aus dem Osten Europas begründet. Eine seltsame Analogie zu meiner Geschichte vom „Steinernen Propheten".
Zum einen meldete sich ein Filmproduzent aus Tschechien, der für den Sender CT1 eine Reise- und Landschaftsdokumentation über das Salzkammergut erstellt. Der Untersberg sollte dazu ergänzend gefilmt werden – und zwar in Bezug auf seine spirituelle Bedeutung. So drehten wir im Mai 2011 schließlich im Brunnthal beim Orakelplatz Karlsohr sowie bei der nahen Kulthöhle und der Fürstenbrunner Quelle. An einem der stärksten Orte des Berges entstanden rituell-stimmungsvolle Bilder. Und ich beobachtete staunend und fasziniert, wie sich das Team mit eigenen Ritualen beim Berg bedankte. Natürlich durften auch der Marienheilgarten und Pfarrer Schmatzberger nicht fehlen.
Kurz darauf meldete sich ein unabhängiger Filmproduzent aus Berlin. Die Initiative einer russischen(!) Filmgesellschaft, die schließlich ihr geplantes Untersbergprojekt nicht umsetzte, und eine begonnene Kooperation hatten ihn neugierig gemacht bzw. führten ihn zu dem Entschluss, nun das Projekt selbst durchzuführen. Auch er produziert nun eine Dokumentation über den Untersberg – diesmal aber nur über den Berg und – aufgrund der Fülle des Materials – als Zweiteiler. Die spirituelle Seite des Berges und vor allem seine Licht- und Schattenseiten sollen entsprechend dargestellt werden. Ich durfte dazu beratend tätig sein und bin nun auf das fertige Drehbuch gespannt. Doch im Hintergrund hatte bereits der Berg selbst seine Fäden gezogen – doch das wäre schon wieder eine neue Geschichte. Vieles deutet bereits jetzt schon auf eine Buch-Fortsetzung des „rufenden Berges" hin.
Drehzeitraum? August 2011 – wann sonst?

Möge der Ruf der Natur und dieses großen Berggeistes viele Menschen erreichen!
Möge die Kommunikation mit den Naturwesenheiten und Mutter Erde (wieder) beginnen und Früchte tragen!
Ich freue mich auf Rückmeldungen von Lesern, die dem Ruf der Berge gefolgt sind oder insbesondere den Untersberg vernommen haben und die jetzt Mut fassen, über ihre Begegnungen zu berichten.

Literaturverzeichnis

Sachbücher und Erinnerungen

Altkofer, Toni: Die Berchtesgadener Herkunft – Das Norische Erbe. Bischofswiesen 2010

Devereux, Paul: Die Landschaft der Schamanen. Bielefeld: Lüchow-Verlag 2010

Habeck, Reinhard: Geheimnisvolles Österreich. Wien 2006

Habeck, Reinhard: Kräfte, die es nicht geben dürfte. Wien 2010

Haller, Franz: Die Welt der Felsbilder in Südtirol: Schalen- und Zeichensteine. Hornung-Verlag, 1978

Krassa, Peter und Habeck, Reinhard: Die Palmblattbibliothek und andere geheimnisvolle Schauplätze der Welt. München 1998

Lang, Johannes: Geschichte von Bad Reichenhall. Neustadt: Verlag Schmidt 2009

Limpöck, Rainer: Die Zauberkraft der Berge. Wien: Pichler Verlag, 2009

Reisinger, Anton: Wundersames Mondseeland. Omnipublica 2006

Speer, Albert: Erinnerungen. Berlin 2005

Romane

Hartmann, Franz: Unter den Gnomen im Untersberg. Calw: Schatzkammer-Verlag Fändrich 1980 (Erstausgabe 1896!)

Francia, Luisa: Ich machte mich auf die Findung, denn Sucherin bin ich keine. Verlag Grüne Kraft (Neuauflage) 2000

Maier, Andreas: Wunderberg, Jack-in-the-boox 2007

Sagen

Clèmont, Haymo: ISAIS. Die geheimnisvolle Offenbarung vom Untersberg.

Freisauff, R. von: Salzburger Volkssagen. Wien und Leipzig: Hartleben 1880

Gemeinderat Karlstein (Hrsg.): *Sagen, Märchen und Geschichten um Karlstein im Landkreis Berchtesgadener Land.* Gesammelt von Alfred Dieck. Karlstein (Berchtesgadener Land) 1981

Götter- und Heldensagen. Genf 1996

Huber, Nikolaus: Sagen vom Untersberg. Salzburg 1901

Schöppner, Alexander (1820–1860): Sagenbuch der Bayerischen Lande. Aus dem Mund des Volkes, der Chronik und der Dichter herausgegeben. Band 1. München: Rieger 1852

Uhlir, Christian F.: Im Schattenreich des Untersberges: Von Kaisern, Zwergen, Riesen und Wildfrauen, Books on demand, 2004

Vernaleken, Theodor: Alpensagen. Wien 1858

Die Kelten und der Untersberg

Rohrecker, Georg: Druiden, Wilde Frauen, Andersweltfürsten, Das Keltische Erbe in Österreichs Sagen. Wien: Pichler Verlag 2002.

Rohrecker, Georg: Die Kelten Österreichs. Wien: Pichler Verlag 2003

Bildnachweis

Martina Limpöck: Seiten 9, 10, 12, 18, 34, 35, 36, 37, 55, 83 oben, 97, 115, 136, 150/151, 156, 157, 159. 161, 165, 174
Markus raich: Seite 23
© Alpswind GmbH: Seite 103
Wikimedia Commons: Seiten 50 und 101 (Foto: Maurus Blank)
Archiv Reinhard Habeck: Seite 68
Alte Sagen aus dem Salzburger Land (Wien 1948): Seite 63

Kaiser Karl im Untersberg. Gemälde an der Fassade des Gasthofs „Kaiser Karl" in Großgmain.

Der Alpenraum beherbergt einen elementaren Schatz an geheimnisvollen Kräften, der noch das Mysterium einer Urmutter und Erdgöttin und schamanische Wurzeln erahnen lässt. Rainer Limpöck begibt sich auf Spurensuche nach archaischen Bräuchen, stellt ausgesuchte Wanderungen im bayerisch-österreichischen Raum vor und eröffnet einen Zugang zu den Mythen und Phänomenen der heiligen Berge. Persönliche Erfahrungsberichte schaffen Möglichkeiten, die Heimat im Erkenntnisweg einer beseelten Natur neu zu erfahren.

Rainer Limpöck
DIE ZAUBERKRAFT DER BERGE
Unterwegs zu den Kraftorten der Alpen

200 Seiten, 17 x 24 cm
Hardcover mit SU, zahlr. Farbabb.
€ 24,95 · ISBN: 978-3-85431-507-0

pichler verlag

Das Bild der Kelten ist noch immer seltsam unscharf, geprägt von Missverständnissen, von Ignoranz und Fehldeutungen. Streitbar und ohne romantische Verherrlichung spürt dieses Buch unseren keltischen Vorfahren nach und entdeckt dabei die Wurzeln unserer kulturellen Identität neu. Wir lernen dabei sowohl die Naturverbundenheit als auch den Erfindergeist der Kelten kennen, ihre Lust am Leben, ihre Kunst und ihre Mythen, vor allem ihre faszinierend „diesseitige" Religion.

Georg Rohrecker
DIE KELTEN
Auf den Spuren unseres versteckten Erbes

240 Seiten, 17 x 24 cm
Hardcover mit SU, zahlr. Farbabb.
€ 24,95 · ISBN: 978-3-85431-547-6

pichler verlag

IMPRESSUM

ISBN: 978-3-85431-577-3

© 2011 by Pichler Verlag
in der Verlagsgruppe Styria GmbH & Co KG
Wien · Graz · Klagenfurt
Alle Rechte vorbehalten

Bücher aus der Verlagsgruppe Styria gibt es
in jeder Buchhandlung und im Online-Shop

styriabooks.at

Covergestaltung: Bruno Wegscheider
Produktion und Gestaltung: Alfred Hoffmann

Reproduktion: Pixelstorm, Wien
Druck und Bindung:
Druckerei Theiss GmbH, St. Stefan im Lavanttal